THIS BOOK BELONGS TO

_____

MYSTERY MOSAICS. SECRET PATTERNS.

Stress-free color by number book,
3x3 mm. sections.

**This is the 16th book from
the MYSTERY MOSAICS series.**

According to your requests, we have adapted SECRET PATTERNS from 5*5 mm. squares to 3*3 mm. sections. There are 25 pictures of different patterns — geometric patterns, abstract patterns, amazing patterns with some secrets inside somewhere. Some pictures have been upgraded, some pictures have been changed. So it looks like the new edition of the SECRET PATTERNS book.

Choose the most comfortable way of coloring: the typical way, the DOTS method, or one with the X's. It looks like the diamond painting or the stitching coloring or as Sudoku unraveling. It is very relaxing and stress relieving, with fantastic very detailed results. There is no page with the answers as it is from the MYSTERY MOSAICS series, so the final picture you can see only after coloring.

For your convenience all pages are single-sided and there is the same palette of 22 colors in all our books from the MYSTERY MOSAICS series.

HAPPY COLORING!

TRY YOUR PALETTE

1	Peach		12	Lilac
2	Yellow		13	Violet
3	Skin Tone		14	Light Blue
4	Orange		15	Blue
5	Orangered		16	Dark Blue
6	Red Brown		17	Light Green
7	Brown		18	Green
8	Dark Brown		19	Dark Green
9	Pink		20	Gray
10	Scarlet		21	Dark Gray
11	Red		22	Black

5	5	12	12	5	14	15	18	12	12	12	12	12	12	12	12	12	12	18	14	15	2	12	12	2	2	12	12	2	2	12	12	2	14	15	22	12	12	12	12	12	12	12	12	12	12	12	22	14	15	22	12	12	13	13	12	12	13	13	12	12
12	12	12	12	5	14	15	18	12	12	12	12	12	12	12	12	12	12	18	14	15	2	12	12	12	12	12	12	12	12	12	12	2	14	15	22	12	12	12	12	12	12	12	12	12	12	12	22	14	15	22	12	12	12	12	12	12	12	12	12	12
12	12	12	12	5	22	22	18	12	12	12	12	12	12	12	12	12	12	18	22	22	2	12	12	12	12	12	12	12	12	12	12	2	22	22	22	12	12	12	12	12	12	12	12	12	12	12	22	22	22	22	12	12	12	12	12	12	12	12	12	12
12	12	12	12	5	15	14	18	12	12	18	18	12	12	18	18	12	12	18	15	14	2	12	12	12	12	12	12	12	12	12	12	2	15	14	22	12	12	13	13	12	12	13	13	12	12	22	15	14	22	12	12	12	12	12	12	12	12	12	12	12
12	12	12	5	15	15	14	14	18	12	22	18	12	12	18	22	12	18	15	15	14	14	2	12	12	12	12	12	12	12	12	2	15	15	14	14	22	12	22	13	12	12	13	22	12	22	15	15	14	14	22	12	12	12	12	12	12	12	12	12	22
12	12	5	15	15	15	14	14	14	18	12	12	12	12	12	12	18	15	15	15	14	14	14	2	12	12	12	12	12	12	2	15	15	15	14	14	14	22	12	12	12	12	12	12	22	15	15	15	14	14	14	22	12	12	12	12	12	12	12	22	15
12	5	15	15	15	15	14	14	14	14	18	12	12	12	12	18	15	15	15	15	14	14	14	14	2	12	12	12	12	2	15	15	15	15	14	14	14	14	22	12	12	12	12	22	15	15	15	15	14	14	14	14	22	12	12	12	12	12	22	15	15
5	15	15	15	15	15	14	14	14	14	14	18	18	18	18	15	15	15	15	15	14	14	14	14	14	2	2	2	2	15	15	15	15	15	14	14	14	14	14	22	22	22	22	15	15	15	15	15	14	14	14	14	14	22	22	22	22	15	15	15	15
15	15	15	15	15	15	14	14	14	14	14	14	14	15	15	15	18	18	18	18	18	18	18	18	14	14	2	2	15	15	15	15	15	15	14	14	14	14	14	14	14	15	15	15	22	22	22	22	22	22	22	22	14	14	22	22	15	15	15	15	15
5	15	15	15	15	15	14	14	14	14	14	14	14	15	15	15	15	18	15	15	14	14	18	14	14	2	14	15	2	15	15	15	15	15	15	14	14	14	14	14	14	14	15	15	15	15	22	15	15	14	14	22	14	14	22	14	15	22	15	15	15
15	5	15	15	15	15	14	14	14	14	14	14	14	15	15	15	15	15	18	15	14	18	14	14	2	14	14	15	15	2	15	15	15	15	15	14	14	14	14	14	14	14	15	15	15	15	15	22	15	14	22	14	14	22	14	14	15	15	22	15	15
5	5	5	15	15	15	14	14	14	14	14	14	14	15	15	15	15	15	15	18	18	14	14	2	2	2	2	2	2	2	2	15	15	15	14	14	14	14	14	14	14	14	15	15	15	15	15	15	22	22	14	14	22	22	22	22	22	22	22	22	15
15	15	15	15	5	5	5	5	14	14	14	14	14	15	15	15	15	15	18	18	18	18	14	14	14	14	14	15	15	15	15	15	2	2	2	2	14	14	14	14	14	15	15	15	15	15	22	22	22	22	14	14	14	14	14	15	15	15	15	15	15
15	15	15	5	12	12	12	12	5	14	14	14	14	15	15	15	15	18	12	12	12	12	18	14	14	14	14	15	15	15	15	2	12	12	12	12	2	14	14	14	14	15	15	15	15	22	12	12	12	12	22	14	14	14	14	15	15	15	15	15	22
15	15	5	12	12	12	12	12	12	5	14	14	14	15	15	15	18	12	12	12	12	12	12	18	14	14	14	15	15	15	2	12	12	12	12	12	12	2	14	14	14	15	15	15	22	12	12	12	12	12	12	22	14	14	14	15	15	15	15	22	12
15	5	12	22	5	12	12	5	22	12	5	14	14	15	15	18	12	12	12	12	12	12	12	12	18	14	14	15	15	2	12	22	2	12	12	2	22	12	2	14	14	15	15	22	12	12	12	12	12	12	12	12	22	14	14	15	15	22	12	22	
5	12	12	5	5	12	12	5	5	12	12	5	14	15	18	12	12	12	12	12	12	12	12	12	12	18	14	15	2	12	12	2	2	12	12	2	2	12	12	2	14	15	22	12	12	12	12	12	12	12	12	12	12	22	14	15	22	12	12	13	
5	12	12	12	12	12	12	12	12	12	12	5	14	15	18	12	12	12	12	12	12	12	12	12	12	18	14	15	2	12	12	12	12	12	12	12	12	12	12	2	14	15	22	12	12	12	12	12	12	12	12	12	12	22	14	15	22	12	12	12	
5	12	12	12	12	12	12	12	12	12	12	5	22	22	18	12	12	12	12	12	12	12	12	12	12	18	22	22	2	12	12	12	12	12	12	12	12	12	12	2	22	22	22	12	12	12	12	12	12	12	12	12	12	22	22	22	22	12	12	12	
5	12	12	12	12	12	12	12	12	12	12	5	15	14	18	12	12	18	18	12	12	18	18	12	12	18	15	14	2	12	12	12	12	12	12	12	12	12	12	2	15	14	22	12	12	13	13	12	12	13	13	12	12	22	15	14	22	12	12	12	
14	5	12	12	12	12	12	12	12	12	5	15	15	14	14	18	12	22	18	12	12	18	22	12	18	15	15	14	14	2	12	12	12	12	12	12	12	12	12	2	15	15	14	14	22	12	22	13	12	12	13	22	12	22	15	15	14	14	22	12	12
14	14	5	12	12	12	12	12	12	5	15	15	15	14	14	14	18	12	12	12	12	12	12	18	15	15	15	14	14	14	2	12	12	12	12	12	12	2	15	15	15	14	14	14	22	12	12	12	12	12	12	22	15	15	15	14	14	14	22	12	
14	14	14	5	12	12	12	12	5	15	15	15	15	14	14	14	14	18	12	12	12	12	18	15	15	15	15	14	14	14	14	2	12	12	12	12	2	15	15	15	15	14	14	14	14	22	12	12	12	12	22	15	15	15	15	14	14	14	14	22	
14	14	14	14	5	5	5	5	15	15	15	15	15	14	14	14	14	14	18	18	18	18	15	15	15	15	15	14	14	14	14	14	2	2	2	2	15	15	15	15	15	14	14	14	14	14	22	22	22	22	15	15	15	15	15	14	14	14	14	14	14
22	22	22	14	14	5	5	15	15	15	15	15	15	14	14	14	14	14	14	14	15	15	15	18	18	18	18	18	18	18	18	14	14	2	2	15	15	15	15	15	15	14	14	14	14	14	14	14	15	15	15	22	22	22	22	22	22	22	22	14	
14	22	14	14	5	14	15	5	15	15	15	15	15	14	14	14	14	14	14	14	15	15	15	15	18	15	15	14	14	18	14	14	2	14	15	2	15	15	15	15	15	14	14	14	14	14	14	14	15	15	15	15	22	15	15	14	14	22	14	14	
22	14	14	5	14	14	15	15	5	15	15	15	15	14	14	14	14	14	14	14	15	15	15	15	15	18	15	14	18	14	14	2	14	14	15	15	2	15	15	15	15	14	14	14	14	14	14	14	15	15	15	15	15	22	15	14	22	14	14	22	
14	14	5	5	5	5	5	5	5	5	15	15	15	14	14	14	14	14	14	14	15	15	15	15	15	15	18	18	14	14	2	2	2	2	2	2	2	2	15	15	15	14	14	14	14	14	14	14	15	15	15	15	15	15	22	22	14	14	22	22	
22	14	14	14	14	14	15	15	15	15	15	5	5	5	5	14	14	14	14	14	15	15	15	15	15	18	18	18	18	14	14	14	14	14	15	15	15	15	15	2	2	2	2	14	14	14	14	14	15	15	15	15	15	22	22	22	22	14	14	14	
12	22	14	14	14	14	15	15	15	15	5	12	12	12	12	5	14	14	14	14	15	15	15	15	18	12	12	12	12	18	14	14	14	14	15	15	15	15	2	12	12	12	12	2	14	14	14	14	15	15	15	15	22	12	12	12	12	22	14	14	
12	12	22	14	14	14	15	15	15	5	12	12	12	12	12	12	5	14	14	14	15	15	15	18	12	12	12	12	12	12	18	14	14	14	15	15	15	2	12	12	12	12	12	12	2	14	14	14	15	15	15	22	12	12	12	12	12	12	22	14	
12	12	12	22	14	14	15	15	5	12	22	5	12	12	5	22	12	5	14	14	15	15	18	12	12	12	12	12	12	12	12	18	14	14	15	15	2	12	22	2	12	12	2	22	12	2	14	14	15	15	22	12	12	12	12	12	12	12	12	22	
12	12	12	12	22	14	15	5	12	12	5	5	12	12	5	5	12	12	5	14	15	18	12	12	12	12	12	12	12	12	12	12	18	14	15	2	12	12	2	2	12	12	2	2	12	12	2	14	15	22	12	12	12	12	12	12	12	12	12	12	12
12	12	12	12	22	14	15	5	12	12	12	12	12	12	12	12	12	12	5	14	15	18	12	12	12	12	12	12	12	12	12	12	18	14	15	2	12	12	12	12	12	12	12	12	12	12	2	14	15	22	12	12	12	12	12	12	12	12	12	12	12
12	12	12	12	22	22	22	5	12	12	12	12	12	12	12	12	12	12	5	22	22	18	12	12	12	12	12	12	12	12	12	12	18	22	22	2	12	12	12	12	12	12	12	12	12	12	2	22	22	22	12	12	12	12	12	12	12	12	12	12	12
13	13	12	12	22	15	14	5	12	12	12	12	12	12	12	12	12	12	5	15	14	18	12	12	18	18	12	12	18	18	12	12	18	15	14	2	12	12	12	12	12	12	12	12	12	12	2	15	14	22	12	12	13	13	12	12	13	13	12	12	
13	22	12	22	15	15	14	14	5	12	12	12	12	12	12	12	12	5	15	15	14	14	18	12	22	18	12	12	18	22	12	18	15	15	14	14	2	12	12	12	12	12	12	12	12	2	15	15	14	14	22	12	22	13	12	12	13	22	12	22	
12	12	22	15	15	15	14	14	14	5	12	12	12	12	12	12	5	15	15	15	14	14	14	18	12	12	12	12	12	12	18	15	15	15	14	14	14	2	12	12	12	12	12	12	2	15	15	15	14	14	14	22	12	12	12	12	12	12	22	15	
12	22	15	15	15	15	14	14	14	14	5	12	12	12	12	5	15	15	15	15	14	14	14	14	18	12	12	12	12	18	15	15	15	15	14	14	14	14	2	12	12	12	12	2	15	15	15	15	14	14	14	14	22	12	12	12	12	22	15	15	
22	15	15	15	15	15	14	14	14	14	14	5	5	5	5	15	15	15	15	15	14	14	14	14	14	18	18	18	18	15	15	15	15	15	14	14	14	14	14	2	2	2	2	15	15	15	15	15	14	14	14	14	14	22	22	22	22	15	15	15	
15	15	22	22	22	22	22	22	22	22	14	14	5	5	15	15	15	15	15	15	14	14	14	14	14	14	14	15	15	15	18	18	18	18	18	18	18	18	14	14	2	2	15	15	15	15	15	15	14	14	14	14	14	14	14	15	15	15	22	22	
15	15	15	22	15	15	14	14	22	14	14	5	14	15	5	15	15	15	15	15	14	14	14	14	14	14	14	15	15	15	15	18	15	15	14	14	18	14	14	2	14	15	2	15	15	15	15	15	14	14	14	14	14	14	14	15	15	15	15	22	
15	15	15	15	22	15	14	22	14	14	5	14	14	15	15	5	15	15	15	15	14	14	14	14	14	14	14	15	15	15	15	15	18	15	14	18	14	14	2	14	14	15	15	2	15	15	15	15	14	14	14	14	14	14	14	15	15	15	15	15	
15	15	15	15	15	22	22	14	14	5	5	5	5	5	5	5	5	15	15	15	14	14	14	14	14	14	14	15	15	15	15	15	15	18	18	14	14	2	2	2	2	2	2	2	2	15	15	15	14	14	14	14	14	14	14	15	15	15	15	15	15
15	15	15	15	22	22	22	22	14	14	14	14	14	15	15	15	15	15	5	5	5	5	14	14	14	14	14	15	15	15	15	15	18	18	18	18	14	14	14	14	14	15	15	15	15	15	2	2	2	2	14	14	14	14	14	15	15	15	15	15	15
15	15	15	22	12	12	12	12	22	14	14	14	14	15	15	15	15	5	12	12	12	12	5	14	14	14	14	15	15	15	15	18	12	12	12	12	18	14	14	14	14	15	15	15	15	2	12	12	12	12	2	14	14	14	14	15	15	15	15	15	22
15	15	22	12	12	12	12	12	12	22	14	14	14	15	15	15	5	12	12	12	12	12	12	5	14	14	14	15	15	15	18	12	12	12	12	12	12	18	14	14	14	15	15	15	2	12	12	12	12	12	12	2	14	14	14	15	15	15	15	22	12
15	22	12	12	12	12	12	12	12	12	22	14	14	15	15	5	12	22	5	12	12	5	22	12	5	14	14	15	15	18	12	12	12	12	12	12	12	12	18	14	14	15	15	2	12	22	2	12	12	2	22	12	2	14	14	15	15	22	12	12	
22	12	12	12	12	12	12	12	12	12	12	22	14	15	5	12	12	5	5	12	12	5	5	12	12	5	14	15	18	12	12	12	12	12	12	12	12	12	12	18	14	15	2	12	12	2	2	12	12	2	2	12	12	2	14	15	22	12	12	12	
22	12	12	12	12	12	12	12	12	12	12	22	14	15	5	12	12	12	12	12	12	12	12	12	12	5	14	15	18	12	12	12	12	12	12	12	12	12	12	18	14	15	2	12	12	12	12	12	12	12	12	12	12	2	14	15	22	12	12	12	
22	12	12	12	12	12	12	12	12	12	12	22	22	22	5	12	12	12	12	12	12	12	12	12	12	5	22	22	18	12	12	12	12	12	12	12	12	12	12	18	22	22	2	12	12	12	12	12	12	12	12	12	12	2	22	22	22	12	12	12	
22	12	12	13	13	12	12	13	13	12	12	22	15	14	5	12	12	12	12	12	12	12	12	12	12	5	15	14	18	12	12	18	18	12	12	18	18	12	12	18	15	14	2	12	12	12	12	12	12	12	12	12	12	2	15	14	22	12	12	13	
14	22	12	22	13	12	12	13	22	12	22	15	15	14	14	5	12	12	12	12	12	12	12	12	5	15	15	14	14	18	12	22	18	12	12	18	22	12	18	15	15	14	14	2	12	12	12	12	12	12	12	12	2	15	15	14	14	22	12	22	
14	14	22	12	12	12	12	12	12	22	15	15	15	14	14	14	5	12	12	12	12	12	12	5	15	15	15	14	14	14	18	12	12	12	12	12	12	18	15	15	15	14	14	14	2	12	12	12	12	12	12	2	15	15	15	14	14	14	22	12	
14	14	14	22	12	12	12	12	22	15	15	15	15	14	14	14	14	5	12	12	12	12	5	15	15	15	15	14	14	14	14	18	12	12	12	12	18	15	15	15	15	14	14	14	14	2	12	12	12	12	2	15	15	15	15	14	14	14	14	22	
14	14	14	14	22	22	22	22	15	15	15	15	15	14	14	14	14	14	5	5	5	5	15	15	15	15	15	14	14	14	14	14	18	18	18	18	15	15	15	15	15	14	14	14	14	14	2	2	2	2	15	15	15	15	15	14	14	14	14	14	14
14	14	14	14	14	14	15	15	15	15	22	22	22	22	22	22	22	22	14	14	5	5	15	15	15	15	15	15	14	14	14	14	14	14	14	15	15	15	18	18	18	18	18	18	18	18	14	14	2	2	15	15	15	15	15	15	14	14	14	14	14
14	14	14	14	14	14	15	15	15	15	22	15	15	14	14	22	14	14	5	14	15	5	15	15	15	15	15	15	14	14	14	14	14	14	14	15	15	15	15	18	15	15	14	14	18	14	14	2	14	15	2	15	15	15	15	15	14	14	14	14	14
14	14	14	14	14	14	15	15	15	15	15	22	15	14	22	14	14	5	14	14	15	15	5	15	15	15	15	14	14	14	14	14	14	14	15	15	15	15	15	18	15	14	18	14	14	2	14	14	15	15	2	15	15	15	15	14	14	14	14	14	14
14	14	14	14	14	14	15	15	15	15	15	15	22	22	14	14	5	5	5	5	5	5	5	5	15	15	15	14	14	14	14	14	14	14	15	15	15	15	15	15	18	18	14	14	2	2	2	2	2	2	2	2	15	15	15	14	14	14	14	14	14
22	14	14	14	14	14	15	15	15	15	15	22	22	22	22	14	14	14	14	14	15	15	15	15	15	5	5	5	5	14	14	14	14	14	15	15	15	15	15	18	18	18	18	14	14	14	14	14	15	15	15	15	15	2	2	2	2	14	14	14	
12	22	14	14	14	14	15	15	15	15	22	12	12	12	12	22	14	14	14	14	15	15	15	15	5	12	12	12	12	5	14	14	14	14	15	15	15	15	18	12	12	12	12	18	14	14	14	14	15	15	15	15	2	12	12	12	12	2	14	14	
12	12	22	14	14	14	15	15	15	22	12	12	12	12	12	12	22	14	14	14	15	15	15	5	12	12	12	12	12	12	5	14	14	14	15	15	15	18	12	12	12	12	12	12	18	14	14	14	15	15	15	2	12	12	12	12	12	12	2	14	
12	12	12	22	14	14	15	15	22	12	12	12	12	12	12	12	12	22	14	14	15	15	5	12	22	5	12	12	5	22	12	5	14	14	15	15	18	12	12	12	12	12	12	12	12	18	14	14	15	15	2	12	22	2	12	12	2	22	12	2	
12	12	12	12	22	14	15	22	12	12	12	12	12	12	12	12	12	12	22	14	15	5	12	12	5	5	12	12	5	5	12	12	5	14	15	18	12	12	12	12	12	12	12	12	12	12	18	14	15	2	12	12	2	2	12	12	2	2	12	12	
12	12	12	12	22	14	15	22	12	12	12	12	12	12	12	12	12	12	22	14	15	5	12	12	12	12	12	12	12	12	12	12	5	14	15	18	12	12	12	12	12	12	12	12	12	12	18	14	15	2	12	12	12	12	12	12	12	12	12	12	12
12	12	12	12	22	22	22	22	12	12	12	12	12	12	12	12	12	12	22	22	22	5	12	12	12	12	12	12	12	12	12	12	5	22	22	18	12	12	12	12	12	12	12	12	12	12	18	22	22	2	12	12	12	12	12	12	12	12	12	12	12
12	12	12	12	22	15	14	22	12	12	13	13	12	12	13	13	12	12	22	15	14	5	12	12	12	12	12	12	12	12	12	12	5	15	14	18	12	12	18	18	12	12	18	18	12	12	18	15	14	2	12	12	12	12	12	12	12	12	12	12	12
12	12	12	22	15	15	14	14	22	12	22	13	12	12	13	22	12	22	15	15	14	14	5	12	12	12	12	12	12	12	12	5	15	15	14	14	18	12	22	18	12	12	18	22	12	18	15	15	14	14	2	12	12	12	12	12	12	12	12	12	2
12	12	22	15	15	15	14	14	14	22	12	12	12	12	12	12	22	15	15	15	14	14	14	5	12	12	12	12	12	12	5	15	15	15	14	14	14	18	12	12	12	12	12	12	18	15	15	15	14	14	14	2	12	12	12	12	12	12	2	15	
12	22	15	15	15	15	14	14	14	14	22	12	12	12	12	22	15	15	15	15	14	14	14	14	5	12	12	12	12	5	15	15	15	15	14	14	14	14	18	12	12	12	12	18	15	15	15	15	14	14	14	14	2	12	12	12	12	12	2	15	15
22	15	15	15	15	15	14	14	14	14	14	22	22	22	22	15	15	15	15	15	14	14	14	14	14	5	5	5	5	15	15	15	15	15	14	14	14	14	14	18	18	18	18	15	15	15	15	15	14	14	14	14	14	2	2	2	2	15	15	15	
15	15	15	15	15	15	14	14	14	14	14	14	14	15	15	15	22	22	22	22	22	22	22	22	14	14	5	5	15	15	15	15	15	15	14	14	14	14	14	14	14	15	15	15	18	18	18	18	18	18	18	18	14	14	2	2	15	15	15	15	
15	15	15	15	15	15	14	14	14	14	14	14	14	15	15	15	15	22	15	15	14	14	22	14	14	5	14	15	5	15	15	15	15	15	15	14	14	14	14	14	14	14	15	15	15	15	18	15	15	14	14	18	14	14	2	14	15	2	15	15	15
15	15	15	15	15	15	14	14	14	14	14	14	14	15	15	15	15	15	22	15	14	22	14	14	5	14	14	15	15	5	15	15	15	15	15	14	14	14	14	14	14	14	15	15	15	15	15	18	15	14	18	14	14	2	14	14	15	15	2	15	15
15	15	15	15	15	15	14	14	14	14	14	14	14	15	15	15	15	15	15	22	22	14	14	5	5	5	5	5	5	5	5	15	15	15	14	14	14	14	14	14	14	15	15	15	15	15	15	18	18	14	14	2	2	2	2	2	2	2	2	15	
15	15	15	15	22	22	22	22	14	14	14	14	14	15	15	15	15	15	22	22	22	22	14	14	14	14	14	15	15	15	15	15	5	5	5	5	14	14	14	14	14	15	15	15	15	15	18	18	18	18	14	14	14	14	14	15	15	15	15	15	15
15	15	15	22	12	12	12	12	22	14	14	14	14	15	15	15	15	22	12	12	12	12	22	14	14	14	14	15	15	15	15	5	12	12	12	12	5	14	14	14	14	15	15	15	15	18	12	12	12	12	18	14	14	14	14	15	15	15	15	2	
15	15	22	12	12	12	12	12	12	22	14	14	14	15	15	15	22	12	12	12	12	12	12	22	14	14	14	15	15	15	5	12	12	12	12	12	12	5	14	14	14	15	15	15	18	12	12	12	12	12	12	18	14	14	14	15	15	15	2	12	
15	22	12	12	12	12	12	12	12	12	22	14	14	15	15	22	12	12	12	12	12	12	12	12	22	14	14	15	15	5	12	22	5	12	12	5	22	12	5	14	14	15	15	18	12	12	12	12	12	12	12	12	18	14	14	15	15	2	12	12	

9	9	11	9	11	9	9	18	18	18	18	2	2	4	2	4	2	2	2	2	4	2	4	2	2	12	12	12	12	9	9	11	9	11	9	9	9	9	11	9	11	9	9	18	18	18	18	2	2	4	2	4	2	2	2	2	4	2	4	2
11	11	9	11	9	9	9	18	18	18	18	2	2	2	4	2	4	4	4	4	2	4	2	2	2	12	12	12	12	9	9	9	11	9	11	11	11	11	9	11	9	9	9	18	18	18	18	2	2	2	4	2	4	4	4	4	2	4	2	2
9	9	11	9	9	18	18	18	18	18	18	18	18	2	2	4	2	2	2	2	4	2	2	12	12	12	12	12	12	12	12	9	9	11	9	9	9	9	11	9	9	18	18	18	18	18	18	18	18	2	2	4	2	2	2	2	4	2	2	12
11	11	9	9	18	18	18	18	19	19	19	18	18	18	2	2	4	4	4	4	2	2	12	12	12	13	13	13	12	12	12	12	9	9	11	11	11	11	9	9	18	18	18	18	19	19	19	18	18	18	2	2	4	4	4	4	2	2	12	12
9	9	9	9	18	18	18	19	18	19	18	19	18	18	2	2	2	2	2	2	2	2	12	12	13	12	13	12	13	12	12	12	9	9	9	9	9	9	9	9	18	18	18	19	18	19	18	19	18	18	2	2	2	2	2	2	2	2	12	12
9	9	18	18	18	18	19	18	19	18	19	18	19	18	18	18	2	2	2	2	12	12	12	13	12	13	12	13	12	13	12	12	12	12	9	9	9	9	18	18	18	18	19	18	19	18	19	18	19	18	18	18	2	2	2	2	12	12	12	13
9	9	18	18	18	19	18	19	18	19	18	19	18	19	18	18	2	2	2	2	12	12	13	12	13	12	13	12	13	12	13	12	12	12	9	9	9	9	18	18	18	19	18	19	18	19	18	19	18	19	18	18	2	2	2	2	12	12	13	12
18	18	18	18	19	18	19	18	19	18	19	18	19	18	19	18	18	18	12	12	12	13	12	13	12	13	12	13	12	13	12	13	12	12	12	12	18	18	18	18	19	18	19	18	19	18	19	18	19	18	19	18	18	18	12	12	12	13	12	13
18	18	18	18	19	18	19	18	19	18	19	18	19	18	19	18	18	18	12	12	12	13	12	13	12	13	12	13	12	13	12	13	12	12	12	12	18	18	18	18	19	18	19	18	19	18	19	18	19	18	19	18	18	18	12	12	12	13	12	13
18	18	18	18	19	18	19	18	19	18	19	18	19	18	19	18	18	18	12	12	12	13	12	13	12	13	12	13	12	13	12	13	12	12	12	12	18	18	18	18	19	18	19	18	19	18	19	18	19	18	19	18	18	18	12	12	12	13	12	13
2	2	18	18	18	19	18	19	18	19	18	19	18	19	18	18	9	9	9	9	12	12	13	12	13	12	13	12	13	12	13	12	12	12	2	2	2	2	18	18	18	19	18	19	18	19	18	19	18	19	18	18	9	9	9	9	12	12	13	12
2	2	18	18	18	18	19	18	19	18	19	18	19	18	18	18	9	9	9	9	12	12	12	13	12	13	12	13	12	13	12	12	12	12	2	2	2	2	18	18	18	18	19	18	19	18	19	18	19	18	18	18	9	9	9	9	12	12	12	13
2	2	2	2	18	18	18	19	18	19	18	19	18	18	9	9	9	9	9	9	9	9	12	12	13	12	13	12	13	12	12	12	2	2	2	2	2	2	2	2	18	18	18	19	18	19	18	19	18	18	9	9	9	9	9	9	9	9	12	12
4	4	2	2	2	18	18	18	19	19	19	18	18	9	9	9	11	11	11	11	9	9	9	12	12	13	13	13	12	12	12	2	2	2	22	22	22	22	2	2	2	18	18	18	19	19	19	18	18	9	9	9	11	11	11	11	9	9	9	12
2	2	4	2	2	18	18	18	18	18	18	18	18	9	9	11	9	9	9	9	11	9	9	12	12	12	12	12	12	12	12	2	2	22	2	2	2	2	22	2	2	18	18	18	18	18	18	18	18	9	9	11	9	9	9	9	11	9	9	12
4	4	2	4	2	2	2	18	18	18	18	9	9	9	11	9	11	11	11	11	9	11	9	9	9	12	12	12	12	2	2	2	22	2	22	22	22	22	2	22	2	2	2	18	18	18	18	9	9	9	11	9	11	11	11	11	9	11	9	9
2	2	4	2	4	2	2	18	18	18	18	9	9	11	9	11	9	9	9	9	11	9	11	9	9	12	12	12	12	2	2	22	2	22	2	2	2	2	22	2	22	2	2	18	18	18	18	9	9	11	9	11	9	9	9	9	11	9	11	9
4	4	2	4	2	4	2	2	2	9	9	9	11	9	11	9	11	11	11	11	9	11	9	11	9	9	9	2	2	2	22	2	22	2	22	22	22	22	2	22	2	22	2	2	2	9	9	9	11	9	11	9	11	11	11	11	9	11	9	11
2	2	4	2	4	4	2	2	2	9	9	9	11	11	9	11	9	9	9	9	11	9	11	11	9	9	9	2	2	2	22	22	2	22	2	2	2	2	22	2	22	22	2	2	2	9	9	9	11	11	9	11	9	9	9	9	11	9	11	11
4	4	2	4	2	4	2	2	2	9	9	9	11	9	11	9	11	11	11	11	9	11	9	11	9	9	9	2	2	2	22	2	22	2	22	22	22	22	2	22	2	22	2	2	2	9	9	9	11	9	11	9	11	11	11	11	9	11	9	11
2	2	4	2	4	2	2	12	12	12	12	9	9	11	9	11	9	9	9	9	11	9	11	9	9	18	18	18	18	2	2	22	2	22	2	2	2	2	22	2	22	2	2	12	12	12	12	9	9	11	9	11	9	9	9	9	11	9	11	9
4	4	2	4	2	2	2	12	12	12	12	9	9	9	11	9	11	11	11	11	9	11	9	9	9	18	18	18	18	2	2	2	22	2	22	22	22	22	2	22	2	2	2	12	12	12	12	9	9	9	11	9	11	11	11	11	9	11	9	9
2	2	4	2	2	12	12	12	12	12	12	12	12	9	9	11	9	9	9	9	11	9	9	18	18	18	18	18	18	18	18	2	2	22	2	2	2	2	22	2	2	12	12	12	12	12	12	12	12	9	9	11	9	9	9	9	11	9	9	18
4	4	2	2	12	12	12	12	13	13	13	12	12	12	9	9	11	11	11	11	9	9	18	18	18	18	22	22	22	18	18	18	2	2	22	22	22	22	2	2	12	12	12	22	22	22	12	12	12	12	9	9	11	11	11	11	9	9	18	18
2	2	2	2	12	12	12	13	12	13	12	13	12	12	9	9	9	9	9	9	9	9	18	18	18	22	18	22	18	22	18	18	2	2	2	2	2	2	2	2	12	12	22	12	22	12	22	12	12	12	9	9	9	9	9	9	9	9	18	18
2	2	12	12	12	12	13	12	13	12	13	12	13	12	12	12	9	9	9	9	18	18	18	18	22	18	22	18	22	18	22	18	18	18	2	2	2	2	12	12	12	22	12	22	12	22	12	22	12	12	12	12	9	9	9	9	18	18	18	18
2	2	12	12	12	13	12	13	12	13	12	13	12	13	12	12	9	9	9	9	18	18	18	22	18	22	18	22	18	22	18	22	18	18	2	2	2	2	12	12	22	12	22	12	22	12	22	12	22	12	12	12	9	9	9	9	18	18	18	19
12	12	12	12	13	12	13	12	13	12	13	12	13	12	13	12	12	12	18	18	18	18	22	18	22	18	22	18	22	18	22	18	22	18	18	18	12	12	12	22	12	22	12	22	12	22	12	22	12	22	12	12	12	12	18	18	18	18	19	18
12	12	12	12	13	12	13	12	13	12	13	12	13	12	13	12	12	12	18	18	18	18	22	18	22	18	22	18	22	18	22	18	22	18	18	18	12	12	12	22	12	22	12	22	12	22	12	22	12	22	12	12	12	12	18	18	18	18	19	18
12	12	12	12	13	12	13	12	13	12	13	12	13	12	13	12	12	12	18	18	18	18	22	18	22	18	22	18	22	18	22	18	22	18	18	18	12	12	12	22	12	22	12	22	12	22	12	22	12	22	12	12	12	12	18	18	18	18	19	18
9	9	12	12	12	13	12	13	12	13	12	13	12	13	12	12	2	2	2	2	18	18	18	22	18	22	18	22	18	22	18	22	18	18	9	9	9	9	12	12	22	12	22	12	22	12	22	12	22	12	12	12	2	2	2	2	18	18	18	19
9	9	12	12	12	12	13	12	13	12	13	12	13	12	12	12	2	2	2	2	18	18	18	18	22	18	22	18	22	18	22	18	18	18	9	9	9	9	12	12	12	22	12	22	12	22	12	22	12	12	12	12	2	2	2	2	18	18	18	18
9	9	9	9	12	12	12	13	12	13	12	13	12	12	2	2	2	2	2	2	2	2	18	18	18	22	18	22	18	22	18	18	9	9	9	9	9	9	9	9	12	12	22	12	22	12	22	12	12	12	2	2	2	2	2	2	2	2	18	18
11	11	9	9	9	12	12	12	13	13	13	12	12	2	2	2	4	4	4	4	2	2	2	18	18	18	22	22	22	18	18	9	9	9	22	22	22	22	9	9	9	12	12	22	22	22	12	12	12	2	2	2	4	4	4	4	2	2	2	18
9	9	11	9	9	12	12	12	12	12	12	12	12	2	2	4	2	2	2	2	4	2	2	18	18	18	18	18	18	18	18	9	9	22	9	9	9	9	22	9	9	12	12	12	12	12	12	12	12	2	2	4	2	2	2	2	4	2	2	18
11	11	9	11	9	9	9	12	12	12	12	2	2	2	4	2	4	4	4	4	2	4	2	2	2	18	18	18	18	9	9	9	22	9	22	22	22	22	9	22	9	9	9	12	12	12	12	2	2	2	4	2	4	4	4	4	2	4	2	2
9	9	11	9	11	9	9	12	12	12	12	2	2	4	2	4	2	2	2	2	4	2	4	2	2	18	18	18	18	9	9	22	9	22	9	9	9	9	22	9	22	9	9	12	12	12	12	2	2	4	2	4	2	2	2	2	4	2	4	2
11	11	9	11	9	11	9	9	9	2	2	2	4	2	4	2	4	4	4	4	2	4	2	4	2	2	2	9	9	9	22	9	22	9	22	22	22	22	9	22	9	22	9	9	9	2	2	2	4	2	4	2	4	4	4	4	2	4	2	4
9	9	11	9	11	11	9	9	9	2	2	2	4	4	2	4	2	2	2	2	4	2	4	4	2	2	2	9	9	9	22	22	9	22	9	9	9	9	22	9	22	22	9	9	9	2	2	2	4	4	2	4	2	2	2	2	4	2	4	4
11	11	9	11	9	11	9	9	9	2	2	2	4	2	4	2	4	4	4	4	2	4	2	4	2	2	2	9	9	9	22	9	22	9	22	22	22	22	9	22	9	22	9	9	9	2	2	2	4	2	4	2	4	4	4	4	2	4	2	4
9	9	11	9	11	9	9	18	18	18	18	2	2	4	2	4	2	2	2	2	4	2	4	2	2	12	12	12	12	9	9	22	9	22	9	9	9	9	22	9	22	9	9	18	18	18	18	2	2	4	2	4	2	2	2	2	4	2	4	2
11	11	9	11	9	9	9	18	18	18	18	2	2	2	4	2	4	4	4	4	2	4	2	2	2	12	12	12	12	9	9	9	22	9	22	22	22	22	9	22	9	9	9	18	18	18	18	2	2	2	4	2	4	4	4	4	2	4	2	2
9	9	11	9	9	18	18	18	18	18	18	18	18	2	2	4	2	2	2	2	4	2	2	12	12	12	12	12	12	12	12	9	9	22	9	9	9	9	22	9	9	18	18	18	18	18	18	18	18	2	2	4	2	2	2	2	4	2	2	12
11	11	9	9	18	18	18	18	19	19	19	18	18	18	2	2	4	4	4	4	2	2	12	12	12	13	13	13	12	12	12	12	9	9	22	22	22	22	9	9	18	18	18	18	19	19	19	18	18	18	2	2	4	4	4	4	2	2	12	12
9	9	9	9	18	18	18	19	18	19	18	19	18	18	2	2	2	2	2	2	2	2	12	12	13	12	13	12	13	12	12	12	9	9	9	9	9	9	9	9	18	18	18	19	18	19	18	19	18	18	2	2	2	2	2	2	2	2	12	12
9	9	18	18	18	18	19	18	19	18	19	18	19	18	18	18	2	2	2	2	12	12	12	13	12	13	12	13	12	13	12	12	12	12	9	9	9	9	18	18	18	18	19	18	19	18	19	18	19	18	18	18	2	2	2	2	12	12	12	13
9	9	18	18	18	19	18	19	18	19	18	19	18	19	18	18	2	2	2	2	12	12	13	12	13	12	13	12	13	12	13	12	12	12	9	9	9	9	18	18	18	19	18	19	18	19	18	19	18	19	18	18	2	2	2	2	12	12	13	12
18	18	18	18	19	18	19	18	19	18	19	18	19	18	19	18	18	18	12	12	12	13	12	13	12	13	12	13	12	13	12	13	12	12	12	12	18	18	18	18	19	18	19	18	19	18	19	18	19	18	19	18	18	18	12	12	12	13	12	13
18	18	18	18	19	18	19	18	19	18	19	18	19	18	19	18	18	18	12	12	12	13	12	13	12	13	12	13	12	13	12	13	12	12	12	12	18	18	18	18	19	18	19	18	19	18	19	18	19	18	19	18	18	18	12	12	12	13	12	13
18	18	18	18	19	18	19	18	19	18	19	18	19	18	19	18	18	18	12	12	12	13	12	13	12	13	12	13	12	13	12	13	12	12	12	12	18	18	18	18	19	18	19	18	19	18	19	18	19	18	19	18	18	18	12	12	12	13	12	13
2	2	18	18	18	19	18	19	18	19	18	19	18	19	18	18	9	9	9	9	12	12	13	12	13	12	13	12	13	12	13	12	12	12	2	2	2	2	18	18	18	19	18	19	18	19	18	19	18	19	18	18	9	9	9	9	12	12	13	12
2	2	18	18	18	18	19	18	19	18	19	18	19	18	18	18	9	9	9	9	12	12	12	13	12	13	12	13	12	13	12	12	12	12	2	2	2	2	18	18	18	18	19	18	19	18	19	18	19	18	18	18	9	9	9	9	12	12	12	13
2	2	2	2	18	18	18	19	18	19	18	19	18	18	9	9	9	9	9	9	9	9	12	12	13	12	13	12	13	12	12	12	2	2	2	2	2	2	2	2	18	18	18	19	18	19	18	19	18	18	9	9	9	9	9	9	9	9	12	12
4	4	2	2	2	18	18	18	19	19	19	18	18	9	9	9	11	11	11	11	9	9	9	12	12	13	13	13	12	12	12	2	2	2	4	4	4	4	2	2	2	18	18	18	19	19	19	18	18	9	9	9	11	11	11	11	9	9	9	12
2	2	4	2	2	18	18	18	18	18	18	18	18	9	9	11	9	9	9	9	11	9	9	12	12	12	12	12	12	12	12	2	2	4	2	2	2	2	4	2	2	18	18	18	18	18	18	18	18	9	9	11	9	9	9	9	11	9	9	12
4	4	2	4	2	2	2	18	18	18	18	9	9	9	11	9	11	11	11	11	9	11	9	9	9	12	12	12	12	2	2	2	4	2	4	4	4	4	2	4	2	2	2	18	18	18	18	9	9	9	11	9	11	11	11	11	9	11	9	9
2	2	4	2	4	2	2	18	18	18	18	9	9	11	9	11	9	9	9	9	11	9	11	9	9	12	12	12	12	2	2	4	2	4	2	2	2	2	4	2	4	2	2	18	18	18	18	9	9	11	9	11	9	9	9	9	11	9	11	9
4	4	2	4	2	4	2	2	2	9	9	9	11	9	11	9	11	11	11	11	9	11	9	11	9	9	9	2	2	2	4	2	4	2	4	4	4	4	2	4	2	4	2	2	2	9	9	9	11	9	11	9	11	11	11	11	9	11	9	11
2	2	4	2	4	4	2	2	2	9	9	9	11	11	9	11	9	9	9	9	11	9	11	11	9	9	9	2	2	2	4	4	2	4	2	2	2	2	4	2	4	4	2	2	2	9	9	9	11	11	9	11	9	9	9	9	11	9	11	11
4	4	2	4	2	4	2	2	2	9	9	9	11	9	11	9	11	11	11	11	9	11	9	11	9	9	9	2	2	2	4	2	4	2	4	4	4	4	2	4	2	4	2	2	2	9	9	9	11	9	11	9	11	11	11	11	9	11	9	11
2	2	4	2	4	2	2	12	12	12	12	9	9	11	9	11	9	9	9	9	11	9	11	9	9	18	18	18	18	2	2	4	2	4	2	2	2	2	4	2	4	2	2	12	12	12	12	9	9	11	9	11	9	9	9	9	11	9	11	9
4	4	2	4	2	2	2	12	12	12	12	9	9	9	11	9	11	11	11	11	9	11	9	9	9	18	18	18	18	2	2	2	4	2	4	4	4	4	2	4	2	2	2	12	12	12	12	9	9	9	11	9	11	11	11	11	9	11	9	9
2	2	4	2	2	12	12	12	12	12	12	12	12	9	9	11	9	9	9	9	11	9	9	18	18	18	18	18	18	18	18	2	2	4	2	2	2	2	4	2	2	12	12	12	12	12	12	12	12	9	9	11	9	9	9	9	11	9	9	18
4	4	2	2	12	12	12	12	13	13	13	12	12	12	9	9	11	11	11	11	9	9	18	18	18	19	19	19	18	18	18	18	2	2	4	4	4	4	2	2	12	12	12	12	13	13	13	12	12	12	9	9	11	11	11	11	9	9	18	18
2	2	2	2	12	12	12	13	12	13	12	13	12	12	9	9	9	9	9	9	9	9	18	18	19	18	19	18	19	18	18	18	2	2	2	2	2	2	2	2	12	12	12	13	12	13	12	13	12	12	9	9	9	9	9	9	9	9	18	18
2	2	12	12	12	12	13	12	13	12	13	12	13	12	12	12	9	9	9	9	18	18	18	19	18	19	18	19	18	19	18	18	18	18	2	2	2	2	12	12	12	12	13	12	13	12	13	12	13	12	12	12	9	9	9	9	18	18	18	19
2	2	12	12	12	13	12	13	12	13	12	13	12	13	12	12	9	9	9	9	18	18	19	18	19	18	19	18	19	18	19	18	18	18	2	2	2	2	12	12	12	13	12	13	12	13	12	13	12	13	12	12	9	9	9	9	18	18	19	18
12	12	12	12	13	12	13	12	13	12	13	12	13	12	13	12	12	12	18	18	18	19	18	19	18	19	18	19	18	19	18	19	18	18	18	18	12	12	12	12	13	12	13	12	13	12	13	12	13	12	13	12	12	12	18	18	18	19	18	19
12	12	12	12	13	12	13	12	13	12	13	12	13	12	13	12	12	12	18	18	18	19	18	19	18	19	18	19	18	19	18	19	18	18	18	18	12	12	12	12	13	12	13	12	13	12	13	12	13	12	13	12	12	12	18	18	18	19	18	19
12	12	12	12	13	12	13	12	13	12	13	12	13	12	13	12	12	12	18	18	18	19	18	19	18	19	18	19	18	19	18	19	18	18	18	18	12	12	12	12	13	12	13	12	13	12	13	12	13	12	13	12	12	12	18	18	18	19	18	19
9	9	12	12	12	13	12	13	12	13	12	13	12	13	12	12	2	2	2	2	18	18	19	18	19	18	19	18	19	18	19	18	18	18	9	9	9	9	12	12	12	13	12	13	12	13	12	13	12	13	12	12	2	2	2	2	18	18	19	18
9	9	12	12	12	12	13	12	13	12	13	12	13	12	12	12	2	2	2	2	18	18	18	19	18	19	18	19	18	19	18	18	18	18	9	9	9	9	12	12	12	12	13	12	13	12	13	12	13	12	12	12	2	2	2	2	18	18	18	19
9	9	9	9	12	12	12	13	12	13	12	13	12	12	2	2	2	2	2	2	2	2	18	18	19	18	19	18	19	18	18	18	9	9	9	9	9	9	9	9	12	12	12	13	12	13	12	13	12	12	2	2	2	2	2	2	2	2	18	18
11	11	9	9	9	12	12	12	13	13	13	12	12	2	2	2	4	4	4	4	2	2	2	18	18	19	19	19	18	18	18	9	9	9	11	11	11	11	9	9	9	12	12	12	13	13	13	12	12	2	2	2	4	4	4	4	2	2	2	18
9	9	11	9	9	12	12	12	12	12	12	12	12	2	2	4	2	2	2	2	4	2	2	18	18	18	18	18	18	18	18	9	9	11	9	9	9	9	11	9	9	12	12	12	12	12	12	12	12	2	2	4	2	2	2	2	4	2	2	18
11	11	9	11	9	9	9	12	12	12	12	2	2	2	4	2	4	4	4	4	2	4	2	2	2	18	18	18	18	9	9	9	11	9	11	11	11	11	9	11	9	9	9	12	12	12	12	2	2	2	4	2	4	4	4	4	2	4	2	2
9	9	11	9	11	9	9	12	12	12	12	2	2	4	2	4	2	2	2	2	4	2	4	2	2	18	18	18	18	9	9	11	9	11	9	9	9	9	11	9	11	9	9	12	12	12	12	2	2	4	2	4	2	2	2	2	4	2	4	2
11	11	9	11	9	11	9	9	9	2	2	2	4	2	4	2	4	4	4	4	2	4	2	4	2	2	2	9	9	9	11	9	11	9	11	11	11	11	9	11	9	11	9	9	9	2	2	2	4	2	4	2	4	4	4	4	2	4	2	4
9	9	11	9	11	11	9	9	9	2	2	2	4	4	2	4	2	2	2	2	4	2	4	4	2	2	2	9	9	9	11	11	9	11	9	9	9	9	11	9	11	11	9	9	9	2	2	2	4	4	2	4	2	2	2	2	4	2	4	4
11	11	9	11	9	11	9	9	9	2	2	2	4	2	4	2	4	4	4	4	2	4	2	4	2	2	2	9	9	9	11	9	11	9	11	11	11	11	9	11	9	11	9	9	9	2	2	2	4	2	4	2	4	4	4	4	2	4	2	4

9	9	2	9	9	16	2	2	2	2	2	2	2	2	2	2	2	2	2	2	2	2	2	2	2	2	2	2	2	2	2	2	2	2	2	2	2	2	2	2	16	9	9	9	9	9	9	9	9	9	9	9	9	9	9	9	9	9	9	9
9	2	9	2	9	9	16	2	2	2	2	2	2	2	2	2	2	2	2	2	2	2	2	2	2	2	2	2	2	2	2	2	2	2	2	2	2	2	2	2	16	9	9	9	9	9	9	9	9	9	9	9	9	9	9	9	9	9	9	9
9	9	2	9	9	9	9	16	2	2	2	2	2	2	2	2	2	2	2	2	2	2	2	2	2	2	2	16	16	16	16	16	16	16	16	16	16	16	16	16	16	16	16	16	16	16	9	9	9	9	9	9	9	9	9	9	9	9	9	9
9	9	9	9	9	9	2	9	16	2	2	2	2	2	2	2	2	2	2	2	2	2	2	2	16	16	16	1	1	1	1	1	1	1	1	1	1	1	9	1	16	2	2	2	2	2	16	16	16	16	9	9	9	9	9	9	9	9	9	9
9	2	9	9	9	2	9	2	9	16	2	2	2	2	2	2	2	2	2	2	16	16	16	16	1	1	1	1	1	9	1	1	1	1	1	1	1	9	1	9	1	16	2	2	1	2	2	2	2	2	16	16	16	9	9	9	9	9	9	9
2	9	2	9	9	9	2	9	9	9	16	2	2	2	2	16	16	16	16	16	1	1	1	1	1	1	1	1	9	1	9	1	1	1	1	1	1	1	9	1	1	16	2	1	2	1	2	2	2	2	2	2	2	16	16	16	9	9	9	9
9	2	9	9	9	9	9	9	9	9	9	16	2	16	16	1	1	1	1	1	1	1	1	1	9	1	1	1	1	9	1	1	1	1	9	1	1	1	1	1	1	16	2	2	1	2	2	2	2	1	2	2	2	2	2	2	16	16	16	9
9	9	9	9	2	9	9	9	9	16	16	15	16	1	1	1	1	9	1	1	1	1	1	9	1	9	1	1	1	1	1	1	1	9	1	9	1	1	1	1	1	16	2	2	2	2	2	2	1	2	1	2	2	2	1	2	2	2	2	16
9	9	9	2	9	2	9	9	16	16	15	15	1	16	1	1	9	1	9	1	1	1	1	1	9	1	1	1	1	1	1	1	1	1	9	1	1	1	1	9	1	16	2	2	2	2	2	2	2	1	2	2	2	1	2	1	2	2	2	2
9	9	9	9	2	9	9	16	15	1	15	15	1	16	1	1	1	9	1	1	1	1	1	1	1	1	1	1	1	1	1	1	1	1	1	1	1	1	9	1	9	1	16	2	2	1	2	2	2	2	2	2	2	2	1	2	2	2	2	2
9	2	9	9	9	9	16	15	15	1	15	15	1	15	16	1	1	1	1	1	1	9	1	1	1	1	1	1	1	1	9	1	1	1	1	1	1	1	1	9	1	1	16	2	1	2	1	2	2	2	1	2	2	2	2	2	2	2	2	2
2	9	2	9	9	16	1	15	15	1	15	15	1	15	16	1	1	1	1	1	9	1	9	1	1	1	1	1	1	9	1	9	1	1	1	1	1	1	1	1	1	1	16	2	2	1	2	2	2	1	2	1	2	2	2	2	1	2	2	2
9	2	9	9	16	15	1	15	15	1	15	15	1	15	15	16	1	1	1	1	1	9	1	1	1	1	9	1	1	1	9	1	1	1	1	1	9	1	1	1	1	1	16	2	2	2	2	2	2	2	1	2	2	2	2	1	2	1	2	2
9	9	9	16	15	15	1	15	15	1	15	15	1	15	15	16	1	1	1	1	1	1	1	1	1	9	1	9	1	1	1	1	1	1	1	9	1	9	1	1	1	1	1	16	2	2	2	2	2	2	2	2	2	2	2	2	1	2	2	2
9	9	16	15	15	15	1	15	15	1	15	15	1	15	15	16	1	1	1	9	1	1	1	1	1	1	9	1	1	1	1	1	1	1	1	1	9	1	1	1	1	1	1	16	2	2	1	2	2	2	2	2	1	2	2	2	2	2	2	2
9	16	1	15	15	1	15	15	1	15	15	1	15	15	1	15	16	1	9	1	9	1	1	1	1	1	1	1	1	1	1	1	1	1	1	1	1	1	1	1	9	1	1	16	2	1	2	1	2	2	2	1	2	1	2	2	2	2	1	2
16	15	1	15	15	1	15	15	1	15	15	1	15	15	1	15	16	1	1	9	1	1	1	9	1	1	1	1	1	1	1	9	1	1	1	1	1	1	1	9	1	9	1	16	2	2	1	2	2	2	2	2	1	2	2	2	2	1	2	1
16	15	1	15	15	1	15	15	1	15	15	1	15	15	1	15	16	1	1	1	1	1	9	1	9	1	1	1	1	1	9	1	9	1	1	1	1	1	1	1	9	1	1	16	2	2	2	2	2	2	2	2	2	2	2	2	2	2	1	2
15	15	1	15	15	1	15	15	1	15	15	1	15	15	1	15	15	16	1	1	1	1	1	9	1	1	1	1	1	1	1	9	1	1	1	1	9	1	1	1	1	1	1	16	2	2	2	1	2	2	2	2	2	2	2	1	2	2	2	2
15	1	15	15	1	15	15	15	1	15	15	1	15	15	1	15	15	16	1	1	1	1	1	1	1	1	1	9	1	1	1	1	1	1	1	9	1	9	1	1	1	1	1	16	2	2	1	2	1	2	2	2	2	2	1	2	1	2	2	2
15	1	15	15	1	15	15	1	15	15	15	1	15	15	1	15	1	15	16	1	1	1	1	1	1	1	9	1	9	1	1	1	1	1	1	1	9	1	1	1	1	1	1	16	2	2	2	1	2	2	2	1	2	2	2	1	2	2	2	2
15	1	15	15	1	15	15	1	15	15	1	15	15	15	1	15	1	15	16	1	1	9	1	1	1	1	1	9	1	1	1	1	1	1	1	1	1	1	1	1	1	1	1	16	2	2	2	2	2	2	1	2	1	2	2	2	2	2	2	2
16	16	16	16	16	16	16	1	15	15	1	15	15	1	15	15	1	15	16	1	9	1	9	1	1	1	1	1	1	1	1	16	16	16	16	16	16	16	16	16	16	16	16	16	16	16	2	2	2	2	2	1	2	2	2	2	2	1	2	2
1	1	1	1	1	1	1	16	16	16	16	16	16	1	15	15	1	15	16	1	1	9	1	1	1	1	1	1	16	16	16	15	15	15	15	15	15	15	1	1	15	15	15	16	9	9	16	16	16	16	2	2	2	2	2	2	1	2	1	2
1	1	1	1	1	1	1	1	1	1	1	1	1	16	16	16	15	15	16	1	1	1	1	16	16	16	16	16	15	15	15	1	15	15	15	15	1	1	15	15	15	1	1	16	9	9	9	9	9	9	16	16	16	16	2	2	2	1	2	2
1	1	14	14	14	1	1	1	1	1	1	1	1	1	1	1	16	16	16	1	1	16	16	15	15	15	15	15	15	1	1	15	15	15	1	1	15	15	15	1	1	15	15	16	9	9	2	9	9	9	9	9	9	9	16	16	16	2	2	2
1	1	14	14	14	1	1	1	14	14	14	1	1	1	1	1	1	1	1	16	16	15	15	15	15	15	1	1	1	15	15	15	1	1	15	15	15	15	1	15	15	15	15	16	9	2	9	2	9	9	9	2	9	9	9	9	9	16	2	2
1	1	14	14	14	1	1	1	14	14	14	1	1	1	14	14	14	1	1	1	1	16	16	15	1	1	15	15	15	15	1	1	15	15	15	15	1	1	15	15	15	1	16	9	9	9	2	9	9	9	2	9	2	9	9	9	9	9	16	2
1	1	1	1	1	1	1	1	14	14	14	1	1	1	14	14	14	1	1	1	1	1	1	16	16	15	15	15	1	1	15	15	15	15	1	1	15	15	15	15	1	15	16	9	9	9	9	9	9	9	9	2	9	9	9	9	2	9	9	16
1	1	1	1	1	1	1	1	1	1	1	1	1	1	14	14	14	1	1	1	1	1	1	1	1	16	15	1	15	15	15	15	1	1	15	15	15	15	1	1	15	16	9	9	9	2	9	9	9	9	9	9	9	9	9	2	9	2	9	9
13	13	13	13	13	13	13	13	1	1	1	1	1	1	1	1	1	1	1	1	14	14	14	1	1	1	16	15	15	15	1	1	15	15	15	15	15	1	15	15	15	16	9	9	2	9	2	9	9	2	9	9	9	9	9	9	2	9	9	9
16	16	16	16	16	16	16	16	13	13	13	13	13	13	1	1	1	1	1	1	14	14	14	1	1	1	1	16	15	1	15	15	15	15	15	1	1	15	15	15	15	16	9	9	9	2	9	9	2	9	2	9	9	9	9	9	9	9	9	9
16	16	16	16	16	16	16	16	16	16	16	16	16	16	13	13	1	1	1	1	14	14	14	1	1	1	1	1	16	15	15	15	15	15	1	15	15	15	15	1	16	9	9	9	9	9	9	9	9	2	9	9	9	9	2	9	9	9	2	9
16	16	16	16	16	16	16	16	16	16	16	16	16	16	16	16	13	13	1	1	1	1	1	1	1	1	1	1	1	16	15	15	1	1	15	15	15	15	1	15	16	9	9	2	9	9	9	9	9	9	9	9	9	2	9	2	9	2	9	2
16	16	16	16	16	16	16	16	16	16	16	16	16	16	16	16	16	16	13	13	1	1	1	1	1	1	14	14	14	1	16	1	15	15	15	15	15	1	15	16	9	9	2	9	2	9	9	9	9	9	9	9	9	9	2	9	9	9	2	9
16	16	16	16	16	16	16	16	16	16	16	16	16	16	16	16	16	16	16	16	13	13	1	1	1	1	14	14	14	1	1	16	15	15	15	1	1	15	15	16	9	9	9	2	9	9	9	9	9	9	2	9	9	9	9	9	9	9	9	9
16	16	16	13	13	13	13	13	13	13	16	16	16	16	16	16	16	16	16	16	16	16	13	1	1	1	14	14	14	1	1	1	16	15	1	15	15	15	16	9	9	9	9	9	9	9	9	9	9	2	9	2	9	9	9	9	9	9	9	9
13	13	13	1	1	2	1	1	1	1	13	13	13	16	16	16	16	16	16	16	16	16	16	13	1	1	1	1	1	1	1	1	1	16	15	15	15	15	16	9	9	2	9	9	9	9	2	9	9	9	2	9	9	9	9	9	2	9	9	9
1	1	1	1	1	9	9	9	9	9	1	1	1	13	13	13	16	16	16	16	16	16	16	16	13	13	1	1	1	1	1	1	1	1	16	15	15	16	9	9	2	9	2	9	9	2	9	2	9	9	9	9	9	9	9	2	9	2	9	9
2	2	1	1	9	1	1	1	1	1	9	1	1	1	1	1	13	16	16	16	16	16	16	16	16	16	13	1	1	1	1	14	14	14	1	16	15	16	9	9	9	2	9	9	9	9	2	9	9	9	9	9	2	9	9	9	2	9	9	16
2	2	1	9	1	1	1	2	2	1	9	1	2	1	1	1	1	13	13	13	16	16	16	16	16	16	16	13	1	1	1	14	14	14	1	16	16	16	16	16	16	16	16	16	16	9	9	9	9	9	9	2	9	2	9	9	9	9	16	1
1	1	1	9	1	1	1	2	2	1	9	1	1	1	1	2	2	1	1	1	13	16	16	16	16	16	16	16	13	1	1	14	14	14	1	1	16	15	15	15	15	15	15	15	15	16	16	16	16	9	9	9	2	9	9	9	9	16	1	1
1	1	1	9	1	1	1	1	1	1	9	1	1	1	1	2	2	1	1	2	1	13	16	16	16	16	16	16	16	13	1	1	1	1	1	1	16	15	15	15	15	15	15	15	15	15	15	15	15	16	9	9	9	9	9	9	16	1	1	1
1	1	9	1	2	2	1	1	1	1	1	9	9	9	9	9	9	9	1	1	1	13	16	16	16	16	16	16	16	16	13	1	1	1	1	1	1	16	1	1	1	1	1	1	1	1	1	1	1	1	16	16	16	16	9	16	1	1	1	1
1	1	9	1	2	2	1	1	2	1	9	14	14	14	15	14	14	14	9	1	1	13	16	16	16	16	16	16	16	16	13	1	1	1	1	1	1	16	15	15	15	15	15	15	15	15	15	15	15	15	15	15	15	15	16	16	1	1	1	1
1	9	1	1	1	1	1	1	1	9	14	15	14	14	14	15	14	14	14	9	1	13	16	16	16	16	16	16	16	16	16	13	1	1	1	1	1	16	15	15	15	15	15	15	15	15	15	1	1	1	1	1	1	16	2	2	16	16	1	1
1	9	1	1	1	1	1	1	9	14	14	14	15	14	14	14	15	14	14	9	1	13	16	16	16	16	16	16	16	16	16	13	1	1	14	14	14	1	16	1	1	1	1	1	1	1	1	15	15	15	15	15	16	2	2	2	2	2	16	1
9	1	1	2	2	1	9	9	14	15	14	14	14	15	14	14	14	15	14	14	9	13	13	13	13	16	16	16	16	16	16	16	13	1	14	14	14	1	16	15	15	15	15	15	15	15	15	15	15	15	15	16	2	2	1	2	2	2	2	16
9	1	1	2	2	9	14	14	14	14	15	14	14	14	15	14	14	14	15	14	9	2	2	2	2	13	13	13	16	16	16	16	13	1	14	14	14	1	16	15	15	15	15	15	15	15	1	1	1	1	16	2	2	1	2	1	2	2	2	2
9	9	9	9	9	14	15	14	14	14	14	15	14	14	14	15	14	14	14	15	9	2	2	2	1	1	2	2	13	16	16	16	13	1	1	1	1	1	16	1	1	1	1	1	1	1	15	15	16	16	2	2	2	2	1	2	2	2	2	2
9	14	14	15	14	14	14	15	14	14	14	14	15	14	14	14	15	14	9	9	2	2	2	2	1	1	2	2	13	16	16	16	13	1	1	1	1	1	16	15	15	15	15	15	15	15	16	16	2	2	2	1	2	2	2	2	2	2	1	2
9	14	14	14	15	14	14	14	15	14	14	14	14	15	14	14	14	9	2	2	1	1	2	2	2	2	2	2	2	13	16	16	13	1	1	1	1	1	16	15	15	15	15	16	16	16	2	2	2	2	1	2	1	2	2	2	2	1	2	1
2	9	14	14	14	15	14	14	14	15	14	14	14	14	9	9	9	2	2	2	1	1	2	2	2	2	2	2	2	13	16	16	13	1	14	14	14	1	16	16	16	16	16	2	2	2	2	2	2	2	2	1	2	2	2	2	2	2	1	2
2	2	9	14	14	14	15	14	14	14	15	14	14	9	2	2	2	2	2	2	2	2	2	2	1	1	2	2	2	13	16	16	13	1	14	14	14	1	16	15	15	15	16	2	2	2	2	1	2	2	2	2	2	2	2	1	2	2	2	2
2	2	9	9	9	9	9	9	9	9	9	9	9	2	2	2	1	1	2	2	2	2	2	2	1	1	2	2	2	13	16	16	13	1	14	14	14	1	16	15	15	15	15	16	2	2	1	2	1	2	2	2	2	2	1	2	1	2	2	2
2	2	9	14	14	15	14	14	14	15	14	14	9	2	2	2	1	1	2	2	2	2	2	2	2	2	2	2	2	13	16	16	13	1	1	1	1	1	16	1	1	15	15	15	16	2	2	1	2	2	2	2	2	2	2	1	2	2	2	2
2	2	9	14	15	14	14	14	15	14	14	14	15	9	2	2	2	2	2	2	1	1	2	2	2	2	2	1	1	13	16	16	13	1	1	1	1	1	16	15	15	1	1	15	15	16	2	2	2	2	2	1	2	2	2	2	2	2	1	2
2	9	14	15	14	14	14	15	14	14	14	15	14	14	9	9	2	2	2	2	1	1	2	2	2	2	2	1	1	13	16	16	13	1	1	1	1	1	16	15	15	15	15	1	15	15	16	2	2	2	1	2	1	2	2	2	2	1	2	1
9	14	15	14	14	14	15	14	14	14	15	14	14	14	14	15	9	9	2	2	2	2	2	2	1	1	2	2	2	13	16	16	13	1	14	14	14	1	16	1	1	15	15	15	1	15	15	16	2	2	2	1	2	2	2	2	2	2	1	2
9	9	9	9	9	15	14	14	14	15	14	14	14	14	15	14	14	14	9	9	2	2	2	2	1	1	2	13	13	16	16	16	13	1	14	14	14	1	16	15	15	1	15	15	15	1	15	15	16	2	2	2	2	2	1	2	2	2	2	2
9	1	1	1	1	9	9	9	15	14	14	14	14	15	14	14	14	15	14	14	9	9	2	2	2	13	13	16	16	16	16	13	1	1	14	14	14	16	15	15	15	15	1	15	15	15	1	15	15	16	2	2	2	1	2	1	2	2	2	2
9	1	1	2	2	1	1	1	9	14	14	14	15	14	14	14	15	14	14	14	9	9	13	13	13	16	16	16	16	16	16	13	1	1	1	1	1	16	1	15	15	15	15	1	15	15	15	1	15	15	16	2	2	2	1	2	2	2	2	2
1	9	1	2	2	1	1	1	1	9	9	15	14	14	14	15	14	14	9	9	1	13	16	16	16	16	16	16	16	16	13	1	1	1	1	1	1	16	15	1	1	15	15	15	1	15	15	15	1	15	15	16	2	2	2	2	2	2	2	16
1	1	9	1	1	1	1	2	1	1	1	9	9	9	9	9	9	9	1	1	1	13	16	16	16	16	16	16	16	16	13	1	1	1	1	1	1	16	15	15	15	1	15	15	15	1	15	15	15	1	15	16	2	2	2	2	2	2	16	1
2	1	9	1	1	1	1	1	1	1	1	9	1	1	1	1	1	1	1	2	1	13	16	16	16	16	16	16	16	13	1	1	14	14	14	1	1	16	15	15	15	15	1	15	15	15	1	15	15	15	1	15	16	2	2	2	16	16	1	1
1	1	1	9	1	2	2	1	1	2	1	9	1	2	2	1	1	1	1	1	1	13	16	16	16	16	16	16	16	13	1	1	14	14	14	1	16	15	1	1	15	15	15	1	15	15	15	1	15	15	15	15	16	16	16	16	1	1	1	1
1	1	1	9	1	2	2	1	1	1	1	9	1	2	2	1	1	2	2	1	13	16	16	16	16	16	16	16	13	1	1	1	14	14	14	1	16	15	15	15	1	15	15	15	1	15	15	15	1	15	15	16	9	9	16	1	1	1	1	1
1	2	2	9	1	1	1	1	2	1	1	9	1	1	1	1	1	2	2	1	13	16	16	16	16	16	16	13	1	1	1	1	1	1	1	16	15	15	15	15	15	1	15	15	15	1	15	15	15	16	16	9	9	9	16	1	1	1	1	1
1	2	2	1	9	1	1	1	1	1	9	1	1	1	1	1	1	1	1	1	13	16	16	16	16	16	13	1	1	1	1	1	1	1	1	16	16	16	16	16	16	15	15	15	15	16	16	16	16	9	9	9	9	2	9	16	1	1	1	1
1	1	1	1	1	9	9	9	9	9	1	1	1	1	2	1	1	1	13	13	16	16	16	16	16	13	1	1	1	1	1	1	1	1	16	16	9	9	9	9	9	16	16	16	16	9	9	9	2	9	9	9	2	9	2	16	1	1	1	1
1	1	1	1	1	1	1	1	1	1	1	2	1	1	1	1	13	13	16	16	16	16	16	16	13	1	1	14	14	14	1	1	1	16	15	16	9	9	2	9	9	9	9	9	9	9	9	2	9	2	9	9	9	2	9	16	1	1	1	1
1	1	1	2	2	1	1	2	1	1	1	1	1	13	13	13	16	16	16	16	16	16	16	13	1	1	1	14	14	14	1	1	16	15	15	16	9	2	9	2	9	9	9	9	2	9	9	9	2	9	9	9	9	9	9	9	16	1	1	1
13	13	13	2	2	1	1	1	1	1	13	13	13	16	16	16	16	16	16	16	16	16	13	1	1	1	1	14	14	14	1	16	1	15	15	16	9	9	2	9	9	9	9	2	9	2	9	9	9	9	9	2	9	9	9	9	16	1	1	1
16	16	16	13	13	13	13	13	13	13	16	16	16	16	16	16	16	16	16	16	16	13	1	1	1	1	1	1	1	1	16	15	15	1	15	15	16	9	9	9	9	9	9	9	2	9	9	9	9	9	2	9	2	9	9	9	16	1	1	1
16	16	16	16	16	16	16	16	16	16	16	16	16	16	16	16	16	16	16	16	13	1	14	14	14	1	1	1	1	16	1	15	15	1	15	15	16	9	9	9	9	2	9	9	9	9	9	2	9	9	9	2	9	9	9	9	16	1	1	1
16	16	16	16	16	16	16	16	16	16	16	16	16	16	16	16	16	16	16	13	1	1	14	14	14	1	1	16	16	15	1	15	15	15	1	15	15	16	9	9	2	9	2	9	9	9	2	9	2	9	9	9	9	9	2	9	16	1	1	1
16	16	16	16	16	16	16	16	16	16	16	16	16	16	16	16	16	13	13	1	1	1	14	14	14	16	16	1	15	15	15	1	15	15	1	15	15	16	9	9	9	2	9	9	9	9	9	2	9	9	9	9	9	2	9	2	9	16	1	1
16	16	16	16	16	16	16	16	16	16	16	16	16	16	16	13	13	1	1	1	1	1	1	16	16	15	15	1	15	15	15	1	15	15	1	15	15	15	16	9	9	9	9	9	2	9	9	9	9	9	2	9	9	9	2	9	9	16	1	1
16	16	16	16	16	16	16	16	16	16	16	16	13	13	13	1	1	1	1	1	1	16	16	15	1	15	15	15	1	15	15	15	1	15	15	1	15	15	16	9	9	9	9	2	9	2	9	9	9	2	9	2	9	9	9	9	9	16	1	1
16	16	16	16	16	16	16	16	16	13	13	13	1	1	1	1	1	1	1	16	16	15	15	15	1	15	15	15	1	15	15	15	1	15	15	1	15	15	16	9	9	9	9	9	2	9	9	9	9	9	2	9	9	9	9	9	9	16	1	1

```
17 18 18 18 18 3 18 18 18 3 18 18 18 18 17 | 17 18 18 18 18 3 18 18 18 3 18 18 18 18 17 | 17 18 18 18 18 3 18 18 18 3 18 18 18 18 17 | 17 18 18 18 18 3 18 18 18 3 18 18 18 18 17
18 1 14 14 18 18 3 3 3 18 18 14 14 1 18 | 18 1 14 14 18 18 3 3 3 18 18 14 14 1 18 | 18 1 14 14 18 18 3 3 3 18 18 14 14 1 18 | 18 1 14 14 18 18 3 3 3 18 18 14 14 1 18
18 14 14 14 18 16 16 16 16 16 18 14 14 14 18 | 18 14 14 14 18 16 16 16 16 16 18 14 14 14 18 | 18 14 14 14 18 16 16 16 16 16 18 14 14 14 18 | 18 14 14 14 18 16 16 16 16 16 18 14 14 14 18
18 14 14 15 18 16 16 16 16 16 18 15 14 14 18 | 18 14 14 15 18 16 16 16 16 16 18 15 14 14 18 | 18 14 14 15 18 16 16 16 16 16 18 15 14 14 18 | 18 14 14 15 18 16 16 16 16 16 18 15 14 14 18
18 18 18 18 15 16 1 1 1 16 15 18 18 18 18 | 18 18 18 18 15 16 1 1 1 16 15 18 18 18 18 | 18 18 18 18 15 16 1 1 1 16 15 18 18 18 18 | 18 18 18 18 15 16 1 1 1 16 15 18 18 18 18
3 18 16 16 16 14 16 16 16 14 16 16 16 18 3 | 3 18 16 16 16 14 16 16 16 14 16 16 16 18 3 | 3 18 16 16 16 14 16 16 16 14 16 16 16 18 3 | 3 18 16 16 16 14 16 16 16 14 16 16 16 18 3
18 3 16 16 1 16 2 2 2 16 1 16 16 3 18 | 18 3 16 16 1 16 2 2 2 16 1 16 16 3 18 | 18 3 16 16 1 16 2 2 2 16 1 16 16 3 18 | 18 3 16 16 1 16 2 2 2 16 1 16 16 3 18
18 3 16 16 1 16 2 2 2 16 1 16 16 3 18 | 18 3 16 16 1 16 2 2 2 16 1 16 16 3 18 | 18 3 16 16 1 16 2 2 2 16 1 16 16 3 18 | 18 3 16 16 1 16 2 2 2 16 1 16 16 3 18
18 3 16 16 1 16 2 2 2 16 1 16 16 3 18 | 18 3 16 16 1 16 2 2 2 16 1 16 16 3 18 | 18 3 16 16 1 16 2 2 2 16 1 16 16 3 18 | 18 3 16 16 1 16 2 2 2 16 1 16 16 3 18
3 18 16 16 16 14 16 16 16 14 16 16 16 18 3 | 3 18 16 16 16 14 16 16 16 14 16 16 16 18 3 | 3 18 16 16 16 14 16 16 16 14 16 16 16 18 3 | 3 18 16 16 16 14 16 16 16 14 16 16 16 18 3
18 18 18 18 15 16 1 1 1 16 15 18 18 18 18 | 18 18 18 18 15 16 1 1 1 16 15 18 18 18 18 | 18 18 18 18 15 16 1 1 1 16 15 18 18 18 18 | 18 18 18 18 15 16 1 1 1 16 15 18 18 18 18
18 14 14 14 18 16 16 16 16 16 18 14 14 14 18 | 18 14 14 14 18 16 16 16 16 16 18 14 14 14 18 | 18 14 14 14 18 16 16 16 16 16 18 14 14 14 18 | 18 14 14 14 18 16 16 16 16 16 18 14 14 14 18
18 14 14 14 18 16 16 16 16 16 18 14 14 14 18 | 18 14 14 14 18 16 16 16 16 16 18 14 14 14 18 | 18 14 14 14 18 16 16 16 16 16 18 14 14 14 18 | 18 14 14 14 18 16 16 16 16 16 18 14 14 14 18
18 1 14 14 18 18 3 3 3 18 18 14 14 1 18 | 18 1 14 14 18 18 3 3 3 18 18 14 14 1 18 | 18 1 14 14 18 18 3 3 3 18 18 14 14 1 18 | 18 1 14 14 18 18 3 3 3 18 18 14 14 1 18
17 18 18 18 18 3 18 18 18 3 18 18 18 18 17 | 17 18 18 18 18 3 18 18 18 3 18 18 18 18 17 | 17 18 18 18 18 3 18 18 18 3 18 18 18 18 17 | 17 18 18 18 18 3 18 18 18 3 18 18 18 18 17
17 17 18 18 18 3 18 18 18 3 18 18 18 17 17 | 17 17 18 18 18 3 18 18 18 3 18 18 18 17 17 | 17 17 18 18 18 3 18 18 18 3 18 18 18 17 17 | 17 17 18 18 18 3 18 18 18 3 18 18 18 17 17
17 18 18 18 18 3 18 18 18 3 18 18 18 18 17 | 17 18 18 18 18 3 18 18 18 3 18 18 18 18 17 | 17 18 18 18 18 3 18 18 18 3 18 18 18 18 17 | 17 18 18 18 18 3 18 18 18 3 18 18 18 18 17
18 1 14 14 18 18 3 3 3 18 18 14 14 1 18 | 18 1 14 14 18 18 3 3 3 18 18 14 14 1 18 | 18 1 14 14 18 18 3 3 3 18 18 14 14 1 18 | 18 1 14 14 18 18 3 3 3 18 18 14 14 1 18
18 14 14 14 18 16 16 16 16 16 18 14 14 14 18 | 18 14 14 14 18 16 16 16 16 16 18 14 14 14 18 | 18 14 14 14 18 16 16 16 16 16 18 14 14 14 18 | 18 14 14 14 18 16 16 16 16 16 18 14 14 14 18
18 14 14 15 18 16 16 16 16 16 18 15 14 14 18 | 18 14 14 15 18 16 16 16 16 16 18 15 14 14 18 | 18 14 14 15 18 16 16 16 16 16 18 15 14 14 18 | 18 14 14 15 18 16 16 16 16 16 18 15 14 14 18
18 18 18 18 15 16 1 1 1 16 15 18 18 18 18 | 18 18 18 18 15 16 1 1 1 16 15 18 18 18 18 | 18 18 18 18 15 16 1 1 1 16 15 18 18 18 18 | 18 18 18 18 15 16 1 1 1 16 15 18 18 18 18
3 18 16 16 16 14 16 16 16 14 16 16 16 18 3 | 3 18 16 16 16 14 16 16 16 14 16 16 16 18 3 | 3 18 16 16 16 14 16 16 16 14 16 16 16 18 3 | 3 18 16 16 16 14 16 16 16 14 16 16 16 18 3
18 3 16 16 1 16 9 9 9 16 1 16 16 3 18 | 18 3 16 16 1 16 9 9 9 16 1 16 16 3 18 | 18 3 16 16 1 16 9 9 9 16 1 16 16 3 18 | 18 3 16 16 1 16 9 9 9 16 1 16 16 3 18
18 3 16 16 1 16 9 9 9 16 1 16 16 3 18 | 18 3 16 16 1 16 9 9 9 16 1 16 16 3 18 | 18 3 16 16 1 16 9 9 9 16 1 16 16 3 18 | 18 3 16 16 1 16 9 9 9 16 1 16 16 3 18
18 3 16 16 1 16 9 9 9 16 1 16 16 3 18 | 18 3 16 16 1 16 9 9 9 16 1 16 16 3 18 | 18 3 16 16 1 16 9 9 9 16 1 16 16 3 18 | 18 3 16 16 1 16 9 9 9 16 1 16 16 3 18
3 18 16 16 16 14 16 16 16 14 16 16 16 18 3 | 3 18 16 16 16 14 16 16 16 14 16 16 16 18 3 | 3 18 16 16 16 14 16 16 16 14 16 16 16 18 3 | 3 18 16 16 16 14 16 16 16 14 16 16 16 18 3
18 18 18 18 15 16 1 1 1 16 15 18 18 18 18 | 18 18 18 18 15 16 1 1 1 16 15 18 18 18 18 | 18 18 18 18 15 16 1 1 1 16 15 18 18 18 18 | 18 18 18 18 15 16 1 1 1 16 15 18 18 18 18
18 14 14 14 18 16 16 16 16 16 18 14 14 14 18 | 18 14 14 14 18 16 16 16 16 16 18 14 14 14 18 | 18 14 14 14 18 16 16 16 16 16 18 14 14 14 18 | 18 14 14 14 18 16 16 16 16 16 18 14 14 14 18
18 14 14 14 18 16 16 16 16 16 18 14 14 14 18 | 18 14 14 14 18 16 16 16 16 16 18 14 14 14 18 | 18 14 14 14 18 16 16 16 16 16 18 14 14 14 18 | 18 14 14 14 18 16 16 16 16 16 18 14 14 14 18
18 1 14 14 18 18 3 3 3 18 18 14 14 1 18 | 18 1 14 14 18 18 3 3 3 18 18 14 14 1 18 | 18 1 14 14 18 18 3 3 3 18 18 14 14 1 18 | 18 1 14 14 18 18 3 3 3 18 18 14 14 1 18
17 18 18 18 18 3 18 18 18 3 18 18 18 18 17 | 17 18 18 18 18 3 18 18 18 3 18 18 18 18 17 | 17 18 18 18 18 3 18 18 18 3 18 18 18 18 17 | 17 18 18 18 18 3 18 18 18 3 18 18 18 18 17
17 17 18 18 18 3 18 18 18 3 18 18 18 17 17 | 17 17 18 18 18 3 18 18 18 3 18 18 18 17 17 | 17 17 18 18 18 3 18 18 18 3 18 18 18 17 17 | 17 17 18 18 18 3 18 18 18 3 18 18 18 17 17
17 18 18 18 18 3 18 18 18 3 18 18 18 18 17 | 17 18 18 18 18 3 18 18 18 3 18 18 18 18 17 | 17 18 18 18 18 3 18 18 18 3 18 18 18 18 17 | 17 18 18 18 18 3 18 18 18 3 18 18 18 18 17
18 1 14 14 18 18 3 3 3 18 18 14 14 1 18 | 18 1 14 14 18 18 3 3 3 18 18 14 14 1 18 | 18 1 14 14 18 18 3 3 3 18 18 14 14 1 18 | 18 1 14 14 18 18 3 3 3 18 18 14 14 1 18
18 14 14 14 18 16 16 16 16 16 18 14 14 14 18 | 18 14 14 14 18 16 16 16 16 16 18 14 14 14 18 | 18 14 14 14 18 16 16 16 16 16 18 14 14 14 18 | 18 14 14 14 18 16 16 16 16 16 18 14 14 14 18
18 14 14 15 18 16 16 16 16 16 18 15 14 14 18 | 18 14 14 15 18 16 16 16 16 16 18 15 14 14 18 | 18 14 14 15 18 16 16 16 16 16 18 15 14 14 18 | 18 14 14 15 18 16 16 16 16 16 18 15 14 14 18
18 18 18 18 15 16 1 1 1 16 15 18 18 18 18 | 18 18 18 18 15 16 1 1 1 16 15 18 18 18 18 | 18 18 18 18 15 16 1 1 1 16 15 18 18 18 18 | 18 18 18 18 15 16 1 1 1 16 15 18 18 18 18
3 18 16 16 16 14 16 16 16 14 16 16 16 18 3 | 3 18 16 16 16 14 16 16 16 14 16 16 16 18 3 | 3 18 16 16 16 14 16 16 16 14 16 16 16 18 3 | 3 18 16 16 16 14 16 16 16 14 16 16 16 18 3
18 3 16 16 1 16 2 2 2 16 1 16 16 3 18 | 18 3 16 16 1 16 2 2 2 16 1 16 16 3 18 | 18 3 16 16 1 16 2 2 2 16 1 16 16 3 18 | 18 3 16 16 1 16 2 2 2 16 1 16 16 3 18
18 3 16 16 1 16 2 2 2 16 1 16 16 3 18 | 18 3 16 16 1 16 2 2 2 16 1 16 16 3 18 | 18 3 16 16 1 16 2 2 2 16 1 16 16 3 18 | 18 3 16 16 1 16 2 2 2 16 1 16 16 3 18
18 3 16 16 1 16 2 2 2 16 1 16 16 3 18 | 18 3 16 16 1 16 2 2 2 16 1 16 16 3 18 | 18 3 16 16 1 16 2 2 2 16 1 16 16 3 18 | 18 3 16 16 1 16 2 2 2 16 1 16 16 3 18
3 18 16 16 16 14 16 16 16 14 16 16 16 18 3 | 3 18 16 16 16 14 16 16 16 14 16 16 16 18 3 | 3 18 16 16 16 14 16 16 16 14 16 16 16 18 3 | 3 18 16 16 16 14 16 16 16 14 16 16 16 18 3
18 18 18 18 15 16 1 1 1 16 15 18 18 18 18 | 18 18 18 18 15 16 1 1 1 16 15 18 18 18 18 | 18 18 18 18 15 16 1 1 1 16 15 18 18 18 18 | 18 18 18 18 15 16 1 1 1 16 15 18 18 18 18
18 14 14 14 18 16 16 16 16 16 18 14 14 14 18 | 18 14 14 14 18 16 16 16 16 16 18 14 14 14 18 | 18 14 14 14 18 16 16 16 16 16 18 14 14 14 18 | 18 14 14 14 18 16 16 16 16 16 18 14 14 14 18
18 14 14 15 18 16 16 16 16 16 18 15 14 14 18 | 18 14 14 15 18 16 16 16 16 16 18 15 14 14 18 | 18 14 14 15 18 16 16 16 16 16 18 15 14 14 18 | 18 14 14 15 18 16 16 16 16 16 18 15 14 14 18
18 1 14 14 18 18 3 3 3 18 18 14 14 1 18 | 18 1 14 14 18 18 3 3 3 18 18 14 14 1 18 | 18 1 14 14 18 18 3 3 3 18 18 14 14 1 18 | 18 1 14 14 18 18 3 3 3 18 18 14 14 1 18
17 18 18 18 18 3 18 18 18 3 18 18 18 18 17 | 17 18 18 18 18 3 18 18 18 3 18 18 18 18 17 | 17 18 18 18 18 3 18 18 18 3 18 18 18 18 17 | 17 18 18 18 18 3 18 18 18 3 18 18 18 18 17
17 17 18 18 18 3 18 18 18 3 18 18 18 17 17 | 17 17 18 18 18 3 18 18 18 3 18 18 18 17 17 | 17 17 18 18 18 3 18 18 18 3 18 18 18 17 17 | 17 17 18 18 18 3 18 18 18 3 18 18 18 17 17
17 18 18 18 18 3 18 18 18 3 18 18 18 18 17 | 17 18 18 18 18 3 18 18 18 3 18 18 18 18 17 | 17 18 18 18 18 3 18 18 18 3 18 18 18 18 17 | 17 18 18 18 18 3 18 18 18 3 18 18 18 18 17
18 1 14 14 18 18 3 3 3 18 18 14 14 1 18 | 18 1 14 14 18 18 3 3 3 18 18 14 14 1 18 | 18 1 14 14 18 18 3 3 3 18 18 14 14 1 18 | 18 1 14 14 18 18 3 3 3 18 18 14 14 1 18
18 14 14 14 18 16 16 16 16 16 18 14 14 14 18 | 18 14 14 14 18 16 16 16 16 16 18 14 14 14 18 | 18 14 14 14 18 16 16 16 16 16 18 14 14 14 18 | 18 14 14 14 18 16 16 16 16 16 18 14 14 14 18
18 14 14 15 18 16 16 16 16 16 18 15 14 14 18 | 18 14 14 15 18 16 16 16 16 16 18 15 14 14 18 | 18 14 14 15 18 16 16 16 16 16 18 15 14 14 18 | 18 14 14 15 18 16 16 16 16 16 18 15 14 14 18
18 18 18 18 15 16 1 1 1 16 15 18 18 18 18 | 18 18 18 18 15 16 1 1 1 16 15 18 18 18 18 | 18 18 18 18 15 16 1 1 1 16 15 18 18 18 18 | 18 18 18 18 15 16 1 1 1 16 15 18 18 18 18
3 18 16 16 16 14 16 16 16 14 16 16 16 18 3 | 3 18 16 16 16 14 16 16 16 14 16 16 16 18 3 | 3 18 16 16 16 14 16 16 16 14 16 16 16 18 3 | 3 18 16 16 16 14 16 16 16 14 16 16 16 18 3
18 3 16 16 1 16 2 2 2 16 1 16 16 3 18 | 18 3 16 16 1 16 2 2 2 16 1 16 16 3 18 | 18 3 16 16 1 16 2 2 2 16 1 16 16 3 18 | 18 3 16 16 1 16 2 2 2 16 1 16 16 3 18
18 3 16 16 1 16 2 2 2 16 1 16 16 3 18 | 18 3 16 16 1 16 2 2 2 16 1 16 16 3 18 | 18 3 16 16 1 16 2 2 2 16 1 16 16 3 18 | 18 3 16 16 1 16 2 2 2 16 1 16 16 3 18
18 3 16 16 1 16 2 2 2 16 1 16 16 3 18 | 18 3 16 16 1 16 2 2 2 16 1 16 16 3 18 | 18 3 16 16 1 16 2 2 2 16 1 16 16 3 18 | 18 3 16 16 1 16 2 2 2 16 1 16 16 3 18
3 18 16 16 16 14 16 16 16 14 16 16 16 18 3 | 3 18 16 16 16 14 16 16 16 14 16 16 16 18 3 | 3 18 16 16 16 14 16 16 16 14 16 16 16 18 3 | 3 18 16 16 16 14 16 16 16 14 16 16 16 18 3
18 18 18 18 15 16 1 1 1 16 15 18 18 18 18 | 18 18 18 18 15 16 1 1 1 16 15 18 18 18 18 | 18 18 18 18 15 16 1 1 1 16 15 18 18 18 18 | 18 18 18 18 15 16 1 1 1 16 15 18 18 18 18
18 14 14 15 18 16 16 16 16 16 18 15 14 14 18 | 18 14 14 15 18 16 16 16 16 16 18 15 14 14 18 | 18 14 14 15 18 16 16 16 16 16 18 15 14 14 18 | 18 14 14 15 18 16 16 16 16 16 18 15 14 14 18
18 1 14 14 18 18 3 3 3 18 18 14 14 1 18 | 18 1 14 14 18 18 3 3 3 18 18 14 14 1 18 | 18 1 14 14 18 18 3 3 3 18 18 14 14 1 18 | 18 1 14 14 18 18 3 3 3 18 18 14 14 1 18
17 18 18 18 18 3 18 18 18 3 18 18 18 18 17 | 17 18 18 18 18 3 18 18 18 3 18 18 18 18 17 | 17 18 18 18 18 3 18 18 18 3 18 18 18 18 17 | 17 18 18 18 18 3 18 18 18 3 18 18 18 18 17
17 17 18 18 18 3 18 18 18 3 18 18 18 17 17 | 17 17 18 18 18 3 18 18 18 3 18 18 18 17 17 | 17 17 18 18 18 3 18 18 18 3 18 18 18 17 17 | 17 17 18 18 18 3 18 18 18 3 18 18 18 17 17
```

1	15	15	1	1	1	15	15	1	1	1	15	15	1	1	1	14	14	15	15	1	16	16	14	14	15	15	15	14	14	14	14	12	14	14	14	12	14	14	14	14	14	15	15	15	14	14	14	19	19	18	18	18	14	14	14	14	16	16	16
1	14	14	1	1	1	15	15	1	1	1	15	15	1	1	1	14	14	15	15	1	16	16	14	14	15	15	15	14	14	14	14	12	14	14	14	12	14	14	14	14	14	15	15	15	14	14	14	19	19	18	18	18	14	14	14	14	16	16	16
1	14	14	15	15	14	14	15	14	14	15	15	14	1	1	1	15	15	14	14	1	16	16	14	14	14	14	12	14	14	14	14	12	14	14	14	12	14	14	14	14	14	12	14	14	14	14	14	19	19	18	18	18	14	14	14	14	16	20	20
14	14	14	14	14	15	1	1	15	15	1	1	15	14	14	15	15	14	14	14	16	16	14	14	14	14	14	12	14	14	14	14	12	14	14	14	12	14	14	14	14	14	12	14	14	14	19	19	18	18	18	18	16	16	16	18	18	20	20	20
14	14	14	14	14	15	1	1	15	15	1	1	15	14	14	15	15	14	14	14	16	16	15	15	15	14	14	12	14	14	14	14	14	12	12	12	14	14	14	14	14	14	12	14	14	15	19	19	18	18	18	18	16	16	16	18	18	20	20	20
15	15	15	15	15	1	15	15	1	1	15	15	1	15	15	15	15	1	1	1	16	16	15	15	15	14	14	14	12	12	14	14	14	12	12	12	14	14	14	14	12	12	14	14	14	15	19	19	14	14	14	14	16	16	16	20	20	20	16	16
14	14	15	1	1	15	15	15	1	1	15	15	15	1	1	15	15	1	16	16	16	16	15	15	15	14	14	14	12	12	14	14	14	12	12	12	14	14	12	12	12	12	14	14	14	15	19	19	14	14	14	18	18	20	20	20	20	20	16	16
14	14	15	1	1	15	15	15	15	15	15	15	15	1	1	15	15	1	16	16	14	14	14	14	12	14	14	14	14	14	12	14	15	15	15	15	15	14	12	12	14	14	14	14	14	19	19	18	14	14	14	18	18	20	20	20	20	16	14	14
15	1	1	15	15	15	15	15	15	15	15	15	15	15	15	1	1	15	16	16	15	15	15	14	14	12	12	14	14	14	15	15	15	15	15	15	15	15	15	14	14	14	14	14	14	19	19	18	16	16	16	16	20	20	20	16	16	14	19	19
15	1	1	15	15	15	15	15	14	14	15	15	15	15	15	1	1	15	16	16	15	15	15	14	14	14	14	12	14	14	15	15	1	1	1	1	1	15	15	14	14	14	12	12	12	19	19	18	16	16	16	16	20	20	20	16	16	14	19	19
15	15	15	1	1	15	15	15	14	14	15	15	15	1	1	15	15	15	16	16	15	15	15	14	14	14	14	14	12	15	15	1	1	16	16	16	1	1	15	15	12	12	14	14	14	19	19	18	16	16	20	20	20	16	16	14	19	19	14	14
15	15	15	1	1	15	14	14	2	2	14	14	15	1	1	15	15	15	16	16	14	14	14	12	14	14	14	14	14	15	15	1	1	16	16	16	1	1	15	15	12	12	14	14	14	19	19	14	16	16	20	20	20	16	16	19	14	14	2	2
15	15	15	1	1	15	14	14	2	2	14	14	15	1	1	15	15	15	16	16	14	14	14	14	12	12	12	12	15	15	1	16	16	2	2	2	16	16	1	15	15	12	12	12	12	19	19	14	14	14	20	20	20	16	16	19	14	2	2	2
15	1	1	15	15	15	15	15	14	14	15	15	15	15	15	1	1	15	16	16	14	14	14	14	14	14	14	14	15	15	1	16	16	2	2	2	16	16	1	15	15	14	14	14	14	19	19	14	14	14	20	20	20	16	16	19	14	2	2	2
15	1	1	15	15	15	15	15	14	14	15	15	15	15	15	1	1	15	16	16	15	15	15	14	14	14	14	14	15	15	1	16	16	2	2	2	16	16	1	15	15	14	14	14	14	19	19	14	14	14	20	20	20	16	16	19	14	14	2	2
15	15	15	1	1	15	15	15	15	15	15	15	15	1	1	15	15	1	16	16	15	15	15	14	14	14	14	12	14	15	15	1	1	16	16	16	1	1	15	15	14	12	12	12	12	19	19	18	16	16	20	20	20	16	16	14	19	19	14	14
15	15	15	1	1	15	15	15	1	1	15	15	15	1	1	15	15	1	16	16	15	15	15	14	14	12	12	14	14	15	15	1	1	16	16	16	1	1	15	15	14	14	14	14	14	19	19	18	16	16	20	20	20	20	20	16	16	14	19	19
15	15	15	15	15	1	15	15	1	1	15	15	1	15	15	15	15	1	16	16	16	16	14	14	12	14	14	14	14	14	15	15	1	1	1	1	1	15	15	12	14	14	14	14	14	19	19	18	16	16	16	16	20	20	20	16	16	14	19	19
14	14	15	15	15	15	1	1	15	15	1	1	15	14	14	15	15	14	14	14	16	16	15	15	15	14	14	14	14	12	15	15	15	15	15	15	15	15	15	14	12	14	14	14	14	15	15	19	16	16	16	18	18	20	20	20	20	16	16	14
14	14	15	15	15	15	1	1	15	15	1	1	15	14	14	15	15	14	14	14	16	16	15	15	15	14	14	14	12	14	14	14	15	15	15	15	15	14	14	14	12	14	14	14	14	15	15	19	19	14	14	18	18	20	20	20	20	16	16	14
1	1	15	15	14	14	15	15	15	14	14	15	15	1	1	1	15	15	14	14	16	16	15	15	15	14	14	12	14	14	14	14	14	12	12	12	12	14	14	14	14	12	14	14	14	15	15	19	19	14	14	14	16	16	16	20	20	20	16	16
1	1	15	15	14	14	15	15	15	14	14	15	15	1	1	1	15	15	14	14	16	16	16	16	14	14	14	12	14	14	14	14	12	14	14	14	14	12	14	14	14	14	12	14	14	14	14	19	19	14	14	14	16	16	16	20	20	20	16	16
1	1	15	1	1	1	15	15	1	1	1	15	15	1	1	1	15	15	14	14	1	1	16	16	14	14	14	12	14	14	14	14	12	14	14	14	14	12	14	14	14	14	12	14	14	14	16	16	19	19	18	18	16	16	16	18	18	20	20	20
15	14	14	1	1	1	15	15	1	1	1	15	15	14	14	14	14	14	14	14	1	1	16	16	14	15	15	15	14	14	14	14	12	14	14	14	14	12	14	14	14	14	15	15	15	14	16	16	19	19	18	18	18	14	14	18	18	20	20	20
15	14	14	1	1	1	15	15	1	1	1	15	15	14	14	14	14	14	15	15	1	1	16	16	14	15	15	15	14	14	14	14	12	14	14	14	14	12	14	14	14	14	15	15	15	14	16	16	19	19	18	18	18	14	14	14	14	16	20	20
15	14	14	14	14	15	15	14	14	14	14	14	15	14	14	14	14	14	18	18	18	18	18	16	16	15	15	15	14	14	15	15	15	14	14	14	14	15	15	15	14	14	15	15	15	16	16	14	14	14	19	19	18	14	14	14	14	16	16	16
15	14	14	14	14	15	15	14	14	14	14	14	15	14	14	18	18	18	18	18	18	18	18	16	16	16	16	16	16	16	15	15	15	14	14	14	14	15	15	15	16	16	16	16	16	16	16	14	14	14	19	19	18	14	14	14	14	16	16	16
1	1	1	14	14	15	15	14	14	14	14	14	15	18	18	18	18	18	5	5	5	5	5	5	5	16	16	16	16	16	15	15	15	14	14	14	14	15	15	15	16	16	16	16	16	14	14	14	14	14	14	14	19	19	19	19	18	18	18	18
15	15	15	1	1	1	1	1	1	1	1	1	18	18	5	5	5	5	5	5	5	5	5	5	5	5	5	5	5	5	16	16	16	16	16	16	16	16	16	16	14	14	14	14	14	14	14	14	15	15	15	15	19	19	19	19	19	19	19	19
15	15	15	1	1	1	1	1	1	1	1	1	18	5	5	5	5	5	5	5	5	5	14	14	14	5	5	5	5	5	16	16	16	16	16	16	16	16	16	16	14	14	14	14	14	14	14	14	15	15	15	15	14	14	14	14	19	19	19	19
15	15	12	12	12	15	15	15	12	12	18	18	5	5	5	14	14	14	16	16	16	16	14	14	14	16	16	16	14	14	14	5	5	5	5	18	18	14	14	14	14	14	15	15	15	16	16	16	15	15	15	15	16	16	16	15	15	15	14	14
15	15	12	12	12	15	15	12	12	12	18	18	5	5	5	14	14	14	16	16	16	16	14	14	14	16	16	16	14	14	14	5	5	5	5	18	18	14	14	14	14	14	15	15	15	16	16	16	15	15	15	15	16	16	16	15	15	15	14	14
15	15	12	12	12	15	15	12	12	12	18	18	5	5	5	14	14	14	16	16	18	18	18	18	18	18	18	16	14	14	14	5	5	5	5	18	18	14	14	14	14	14	15	15	15	16	16	1	1	1	1	1	1	16	16	15	15	15	14	14
12	12	12	12	12	15	15	12	18	18	5	5	5	16	16	16	16	5	18	18	18	18	18	18	18	18	18	18	18	5	16	16	16	16	5	5	5	18	18	14	16	16	16	14	14	1	1	1	1	1	1	1	1	1	1	14	14	16	16	16
12	12	12	12	12	15	15	12	18	18	5	5	5	16	16	16	16	5	18	18	18	18	18	18	18	18	18	18	18	5	16	16	16	16	5	5	5	18	18	14	16	16	16	14	14	1	1	1	1	1	1	1	1	1	1	14	14	16	16	16
12	12	12	15	15	12	12	12	18	18	14	14	14	16	16	16	16	18	18	18	16	16	16	16	16	16	18	18	18	18	16	16	16	14	14	14	5	18	18	15	16	16	16	1	1	1	15	15	15	15	15	15	15	15	1	1	1	16	16	16
12	12	12	15	15	12	12	12	18	5	14	14	14	16	16	18	18	18	18	18	16	16	19	19	19	16	16	18	18	18	18	18	16	14	14	14	5	5	18	15	15	1	1	1	1	15	16	16	14	14	14	14	16	16	15	1	1	1	1	14
12	12	15	12	12	12	12	18	5	5	14	14	14	5	5	18	18	18	16	16	16	16	19	19	19	16	16	16	16	18	18	18	5	14	14	14	5	5	18	18	15	1	1	15	15	15	16	16	14	14	14	14	16	16	15	15	15	1	1	14
14	14	12	12	12	12	15	18	5	5	16	16	16	18	18	18	18	16	14	14	19	19	16	16	16	19	19	14	14	16	18	18	18	18	16	16	16	5	18	18	1	1	1	15	15	15	15	14	16	16	16	16	14	15	15	15	15	1	1	1
14	14	12	12	15	15	12	18	5	5	16	16	16	18	18	18	18	16	14	14	19	19	16	16	16	19	19	14	14	16	18	18	18	18	16	16	16	5	18	18	1	1	15	16	16	15	14	15	1	1	1	1	15	14	15	16	16	15	1	1
15	15	14	14	15	15	12	18	5	5	16	16	18	18	18	16	16	16	19	19	14	14	5	5	5	14	14	19	19	16	16	16	18	18	18	16	16	5	18	18	1	1	15	16	16	14	15	15	1	1	1	1	15	15	14	16	16	15	1	1
15	15	14	15	12	12	12	18	5	5	16	16	18	18	18	16	16	16	19	19	14	14	5	5	5	14	14	19	19	16	16	16	18	18	18	16	16	5	18	18	1	1	15	14	14	16	1	1	2	2	2	2	1	1	16	14	14	15	1	1
2	2	15	14	14	15	15	18	5	14	14	14	18	18	18	16	19	19	16	16	5	5	2	2	2	5	5	16	16	19	19	16	18	18	18	14	14	14	18	18	1	1	15	14	14	16	1	1	2	2	2	2	1	1	16	14	14	15	1	1
2	2	15	14	14	15	15	18	5	14	14	14	18	18	18	16	19	19	16	16	5	5	2	2	2	5	5	16	16	19	19	16	18	18	18	14	14	14	18	18	1	1	15	14	14	16	1	1	2	2	2	2	1	1	16	14	14	15	1	1
2	2	15	14	14	12	12	18	5	14	14	14	18	18	18	16	19	19	16	16	5	5	2	2	2	5	5	16	16	19	19	16	18	18	18	14	14	14	18	18	1	1	15	14	14	16	1	1	2	2	2	2	1	1	16	14	14	15	1	1
15	15	14	14	12	15	15	18	5	5	16	16	18	18	18	16	16	16	19	19	14	14	5	5	5	14	14	19	19	16	16	16	18	18	18	16	16	5	18	18	1	1	15	16	16	14	15	15	1	1	1	1	15	15	14	16	16	15	1	1
15	15	14	12	12	15	15	18	5	5	16	16	18	18	18	16	16	16	19	19	14	14	5	5	5	14	14	19	19	16	16	16	18	18	18	16	16	5	18	18	1	1	15	16	16	15	14	15	1	1	1	1	15	14	15	16	16	15	1	1
14	14	15	12	12	12	12	18	5	5	16	16	16	18	18	18	18	16	14	14	19	19	16	16	16	19	19	14	14	16	18	18	18	18	16	16	16	5	18	18	1	1	1	15	15	15	15	14	16	16	16	16	14	15	15	15	15	1	1	1
14	14	12	15	15	12	12	12	18	5	16	16	16	18	18	18	18	18	14	14	19	19	16	16	16	19	19	14	14	18	18	18	18	18	16	16	16	5	18	15	15	1	1	15	15	15	16	16	14	14	14	14	16	16	15	15	15	1	1	14
12	12	12	15	15	12	12	12	18	18	14	14	14	5	5	18	18	18	16	16	16	16	19	19	19	16	16	16	16	18	18	18	5	5	14	14	14	18	18	15	15	1	1	1	1	15	16	16	14	14	14	14	16	16	15	1	1	1	1	14
12	12	12	12	12	15	15	12	18	18	14	14	14	16	16	16	16	18	18	18	16	16	19	19	19	16	16	18	18	18	16	16	16	5	14	14	14	18	18	15	16	16	16	1	1	1	1	15	15	15	15	15	15	1	1	1	1	16	16	16
12	12	12	12	12	15	15	12	18	18	14	14	14	16	16	16	16	18	18	18	18	18	18	18	18	18	18	18	18	18	16	16	16	5	14	14	14	18	18	15	16	16	16	1	1	1	1	15	15	15	15	15	15	1	1	1	1	16	16	16
14	14	14	14	14	14	14	14	14	14	18	18	5	16	16	16	16	5	5	18	18	18	18	18	18	18	18	18	5	5	16	16	16	5	5	18	18	14	14	14	16	16	16	14	14	1	1	1	1	1	1	1	1	1	1	14	14	16	16	16
16	16	16	15	15	15	15	16	16	16	18	18	5	16	16	16	14	14	14	16	18	18	18	18	18	18	18	16	14	14	14	5	5	5	5	18	18	14	14	14	14	14	15	15	15	16	16	1	1	1	1	1	1	16	16	15	15	15	14	14
16	16	16	15	15	15	15	16	16	16	18	18	5	5	5	5	14	14	14	16	16	16	5	5	16	16	16	16	14	14	14	5	5	5	5	18	18	16	14	14	14	14	15	15	15	16	16	1	1	1	1	1	1	16	16	15	15	15	14	14
16	16	16	15	15	15	15	16	16	16	15	15	18	5	5	5	14	14	14	16	16	16	14	14	14	16	16	16	14	14	14	5	5	18	18	14	14	14	16	16	16	16	16	15	15	16	16	16	15	15	15	15	16	16	16	15	15	15	14	14
16	16	16	15	15	15	15	16	16	16	15	15	18	5	5	5	5	5	16	16	16	16	14	14	14	16	16	16	5	5	5	5	5	18	18	14	14	14	16	16	16	16	16	16	16	14	14	14	15	15	15	15	14	14	14	14	14	14	14	14
15	15	1	15	15	15	15	1	15	15	15	15	16	18	18	18	18	18	5	5	5	5	14	14	14	5	5	5	18	18	18	18	18	12	12	12	12	14	1	1	14	14	14	16	16	14	14	14	15	15	15	15	14	14	14	14	14	14	14	14
15	15	1	15	15	15	15	1	15	15	15	15	1	15	15	15	15	15	18	18	18	18	18	18	18	18	18	18	12	12	12	12	1	12	12	12	12	1	12	12	12	12	14	14	14	16	16	14	15	15	15	15	15	15	14	18	18	18	18	18
15	15	1	15	15	15	15	1	15	15	15	15	1	15	15	15	15	15	18	18	18	18	18	18	18	18	18	18	12	12	12	12	1	12	12	12	12	1	12	12	12	12	14	14	14	16	16	14	14	14	14	14	15	15	14	18	18	18	18	18
15	15	15	1	1	1	1	15	15	15	15	15	1	15	15	16	16	16	14	14	16	16	1	12	12	12	12	14	14	14	14	14	1	14	14	14	14	1	12	12	12	12	14	14	1	16	16	14	14	14	14	14	18	18	18	14	14	14	14	14
15	15	15	1	1	1	1	15	15	15	1	1	15	15	15	16	16	16	16	16	14	14	1	12	12	12	12	14	14	14	14	14	1	14	14	14	14	1	12	12	12	12	14	14	1	16	16	16	15	15	14	14	18	18	18	15	15	14	14	14
15	15	15	1	1	1	1	15	15	15	1	1	15	15	15	16	16	16	16	16	14	14	14	1	1	1	1	14	16	16	14	14	16	16	16	14	14	16	16	14	1	1	1	1	14	14	14	16	15	15	18	18	18	14	14	15	15	14	14	14
1	1	15	16	16	16	16	15	1	1	15	15	15	15	15	1	15	15	16	16	14	14	12	12	12	14	14	14	16	16	14	14	16	16	16	14	14	16	16	14	14	12	12	12	12	14	14	16	16	18	18	18	18	15	15	14	14	15	15	15
1	1	15	16	16	16	16	15	1	1	15	15	15	15	15	1	15	15	16	16	14	14	12	12	12	14	16	16	15	15	16	16	15	15	15	16	16	15	15	16	16	12	12	12	12	14	14	14	16	18	18	14	14	15	15	14	14	15	15	15
15	16	16	14	14	14	14	16	16	15	15	15	15	1	1	15	15	16	16	1	14	14	12	12	12	14	16	16	15	15	16	16	15	15	15	16	16	15	15	16	16	12	12	12	12	14	14	1	16	16	14	15	15	14	14	15	15	18	18	18
15	16	16	15	15	15	15	16	16	15	15	15	1	15	15	15	15	16	16	1	14	14	12	12	16	16	15	15	15	15	15	15	14	14	14	15	15	15	15	15	15	16	16	12	12	14	14	1	16	16	14	15	15	14	14	15	15	18	18	18
16	14	14	15	15	15	15	14	14	16	1	1	15	15	15	15	15	16	16	14	1	1	1	1	16	16	15	15	15	15	15	15	14	14	14	15	15	15	15	15	15	16	16	1	1	1	1	14	16	16	14	14	14	15	15	18	18	2	2	2
14	15	15	2	2	2	2	15	15	14	16	16	15	15	15	15	15	16	16	14	12	12	12	12	14	16	16	15	15	15	14	14	2	2	2	14	14	15	15	15	16	16	14	12	12	12	12	14	16	16	14	14	14	15	15	18	18	2	2	2
14	15	15	2	2	2	2	15	15	14	16	16	1	1	1	1	1	16	16	14	12	12	12	12	14	16	16	15	15	15	14	14	2	2	2	14	14	15	15	15	16	16	14	12	12	12	12	14	16	16	14	14	14	15	15	18	18	2	2	2
14	15	15	2	2	2	2	15	15	14	16	16	15	15	15	15	15	16	16	14	12	12	12	12	14	16	16	15	15	15	14	14	2	2	2	14	14	15	15	15	16	16	14	12	12	12	12	14	16	16	14	15	15	14	14	15	15	18	18	18
14	15	15	2	2	2	2	15	15	14	16	16	15	15	15	15	15	16	16	14	12	12	12	12	16	16	15	15	15	15	15	15	14	14	14	15	15	15	15	15	15	16	16	12	12	12	12	14	16	16	14	15	15	14	14	15	15	18	18	18
16	14	14	15	15	15	15	14	14	16	15	15	1	1	1	15	15	16	16	14	1	1	1	1	16	16	15	15	15	15	15	15	14	14	14	15	15	15	15	15	15	16	16	1	1	1	1	14	16	16	18	18	14	15	15	14	14	15	15	15
1	16	16	15	15	15	15	16	16	1	15	15	15	15	15	1	1	16	16	1	14	12	12	12	12	14	16	16	15	15	16	16	15	15	15	16	16	15	15	16	16	12	12	12	12	14	14	1	16	16	18	18	18	15	15	14	14	15	15	15
1	16	16	14	14	14	14	16	16	1	15	15	15	15	15	1	1	16	16	1	14	12	12	12	12	14	16	16	15	15	16	16	15	15	15	16	16	15	15	16	16	12	12	12	12	14	14	1	16	16	18	18	18	18	14	15	15	14	14	14
15	15	15	16	16	16	16	15	15	15	1	1	15	15	15	16	16	16	16	14	14	12	12	12	12	14	14	14	16	16	14	14	16	16	16	1	14	16	16	14	14	12	12	12	12	14	14	14	16	16	15	15	18	18	14	15	15	14	14	14
15	15	15	16	16	16	16	15	15	15	1	1	15	15	15	16	16	15	16	14	14	12	12	12	12	14	14	14	16	16	14	1	16	16	16	1	14	16	16	14	14	12	12	12	12	14	14	16	16	14	15	15	18	18	18	18	14	14	14	14
15	15	15	1	1	1	1	15	15	15	15	15	1	15	15	16	16	15	16	14	14	14	14	14	14	14	14	14	14	14	1	14	14	14	14	14	1	14	14	14	14	14	14	14	14	14	14	16	16	14	14	14	14	14	18	18	18	18	18	18
15	1	1	15	15	15	15	1	1	15	15	15	1	15	15	15	15	15	16	16	14	14	14	12	12	12	12	14	14	14	1	14	14	14	14	14	1	14	12	12	12	12	14	14	14	14	16	16	14	15	15	14	14	14	14	14	18	18	18	18
15	1	1	15	15	15	15	1	1	15	15	15	1	15	15	15	15	15	16	16	14	14	14	12	12	12	12	14	14	14	1	14	14	14	14	14	1	14	12	12	12	12	14	14	14	14	16	16	14	15	15	14	14	14	14	14	14	14	14	14

15	15	15	15	15	9	5	10	22	14	14	12	22	10	5	14	22	22	5	5	22	9	9	9	22	10	10	9	22	9	22	5	5	14	22	10	10	10	22	9	9	9	22	22	14	5	10	22	12	9	14	22	10	5	9	15	15	15	15	15
15	15	15	15	15	9	5	10	22	14	14	12	22	10	5	14	22	22	5	22	10	9	9	22	10	10	10	22	9	9	10	22	5	14	14	22	10	10	10	22	9	9	22	22	14	5	10	22	12	9	14	22	10	5	9	15	15	15	15	15
15	15	15	15	15	9	5	10	22	14	14	12	22	10	5	14	22	22	22	10	10	9	22	14	10	10	22	9	9	9	10	10	22	14	14	14	22	10	10	14	22	9	22	22	14	5	10	22	12	9	14	22	10	5	9	15	15	15	15	15
15	15	15	15	15	9	5	10	22	14	14	12	22	10	5	14	22	22	10	10	10	22	14	14	10	22	12	9	9	22	10	10	10	22	14	14	12	22	10	14	14	22	22	22	14	5	10	22	12	9	14	22	10	5	9	15	15	15	15	15
15	15	15	15	15	9	5	10	22	14	14	12	22	10	5	14	22	22	10	10	22	14	14	14	22	12	12	9	22	14	22	10	10	5	22	14	12	12	22	14	14	14	22	22	14	5	10	22	12	9	14	22	10	5	9	15	15	15	15	15
15	15	15	15	15	9	5	10	22	14	14	12	22	10	5	14	22	22	10	22	12	14	14	22	12	12	12	22	14	14	12	22	10	5	5	22	12	12	12	22	14	14	22	22	14	5	10	22	12	9	14	22	10	5	9	15	15	15	15	15
15	15	15	15	15	9	5	10	22	14	14	12	22	10	5	14	22	22	22	12	12	14	22	5	12	12	22	14	14	14	12	12	22	5	5	5	22	12	12	5	22	14	22	22	14	5	10	22	12	9	14	22	10	5	9	15	15	15	15	15
15	15	15	15	15	9	5	10	22	14	14	12	22	10	5	14	22	22	12	12	12	22	5	5	12	22	9	14	14	22	12	12	12	22	5	5	9	22	12	5	5	22	22	22	14	5	10	22	12	9	14	22	10	5	9	15	15	15	15	15
9	9	9	9	9	9	5	10	22	14	14	12	22	10	5	14	22	22	12	12	22	5	5	5	22	9	9	14	22	5	22	12	12	10	22	5	9	9	22	5	5	5	22	22	14	5	10	22	12	9	14	22	10	5	9	9	9	9	9	9
5	5	5	5	5	5	5	10	22	14	14	12	22	10	5	14	22	22	12	22	9	5	5	22	9	9	9	22	5	5	9	22	12	10	10	22	9	9	9	22	5	5	22	22	14	5	10	22	12	9	14	22	10	5	5	5	5	5	5	5
10	10	10	10	10	10	10	10	22	14	14	12	22	10	5	14	22	22	22	9	9	5	22	10	9	9	22	5	5	5	9	9	22	10	10	10	22	9	9	10	22	5	22	22	14	5	10	22	12	9	14	22	10	10	10	10	10	10	10	10
22	22	22	22	22	22	22	22	22	14	14	12	22	10	5	14	22	22	9	9	9	22	10	10	9	22	14	5	5	22	9	9	9	22	10	10	14	22	9	10	10	22	22	22	14	5	10	22	12	9	14	22	22	22	22	22	22	22	22	22
14	14	14	14	14	14	14	14	14	14	14	12	22	10	5	14	22	22	9	9	22	10	10	10	22	14	14	5	22	10	22	9	9	12	22	10	14	14	22	10	10	10	22	22	14	5	10	22	12	9	14	14	14	14	14	14	14	14	14	14
9	9	9	9	9	9	9	9	9	9	9	12	22	10	5	14	22	22	9	22	5	10	10	22	14	14	14	22	10	10	14	22	9	12	12	22	14	14	14	22	10	10	22	22	14	5	10	22	12	9	9	9	9	9	9	9	9	9	9	9
12	12	12	12	12	12	12	12	12	12	12	12	22	10	5	14	22	22	22	5	5	10	22	10	14	14	22	10	10	10	14	14	22	12	12	12	22	14	14	12	22	10	22	22	14	5	10	22	12	12	12	12	12	12	12	12	12	12	12	12
22	22	22	22	22	22	22	22	22	22	22	22	22	10	5	14	22	22	5	5	5	22	10	10	14	22	9	10	10	10	14	14	14	22	12	12	5	22	14	12	12	22	22	22	14	5	10	22	22	22	22	22	22	22	22	22	22	22	22	22
10	10	10	10	10	10	10	10	10	10	10	10	10	10	5	14	22	22	22	5	5	12	22	10	9	9	22	10	10	10	14	14	22	12	12	12	22	5	5	12	22	9	22	22	14	5	10	10	10	10	10	10	10	10	10	10	10	10	10	10
5	5	5	5	5	5	5	5	5	5	5	5	5	5	5	14	22	22	14	22	5	12	12	22	9	9	9	22	10	10	14	22	5	12	12	22	5	5	5	22	9	9	22	22	14	5	5	5	5	5	5	5	5	5	5	5	5	5	5	5
14	14	14	14	14	14	14	14	14	14	14	14	14	14	14	14	22	22	14	14	22	12	12	12	22	9	9	12	22	10	22	5	5	12	22	9	5	5	22	9	9	9	22	22	14	14	14	14	14	14	14	14	14	14	14	14	14	14	14	14
22	22	22	22	22	22	22	22	22	22	22	22	22	22	22	22	22	22	14	14	14	22	12	12	5	22	9	12	12	22	5	5	5	22	9	9	5	22	10	9	9	22	22	22	22	22	22	22	22	22	22	22	22	22	22	22	22	22	22	22
22	22	22	22	22	22	22	22	22	22	22	22	22	22	22	22	22	22	22	14	14	9	22	12	5	5	22	12	12	12	5	5	22	9	9	9	22	10	10	9	22	14	22	22	22	22	22	22	22	22	22	22	22	22	22	22	22	22	22	22
9	9	9	22	10	10	10	22	12	14	14	22	10	10	10	22	9	9	5	22	14	9	9	22	5	5	5	22	12	12	5	22	10	9	9	22	10	10	10	22	14	14	10	10	22	5	5	5	22	5	5	14	22	12	12	12	22	14	14	14
9	9	22	10	10	10	22	12	12	14	22	9	22	10	10	12	22	9	5	5	22	9	9	9	22	5	5	9	22	12	22	10	10	9	22	14	10	10	22	14	14	14	10	22	12	5	5	22	12	22	5	14	14	22	12	12	12	22	14	14
9	22	14	10	10	22	12	12	12	22	9	9	5	22	10	12	12	22	5	5	5	22	9	9	10	22	5	9	9	22	10	10	10	22	14	14	10	22	12	14	14	14	22	12	12	5	22	10	12	12	22	14	14	14	22	12	12	5	22	14
22	14	14	10	22	5	12	12	22	9	9	9	5	5	22	12	12	12	22	5	5	14	22	9	10	10	22	9	9	9	10	10	22	14	14	14	22	12	12	14	14	22	12	12	12	22	10	10	12	12	12	22	14	14	10	22	12	5	5	22
14	14	14	22	5	5	12	22	10	9	9	22	5	5	5	22	12	12	9	22	5	14	14	22	10	10	10	22	9	9	10	22	12	14	14	22	12	12	12	14	22	9	12	12	22	10	10	10	22	12	12	5	22	14	10	10	22	5	5	5
14	14	22	5	5	5	22	10	10	9	22	12	22	5	5	10	22	12	9	9	22	14	14	14	22	10	10	14	22	9	22	12	12	14	22	5	12	12	12	22	9	9	12	22	5	10	10	22	5	22	12	5	5	22	10	10	10	22	5	5
14	22	9	5	5	22	10	10	10	22	12	12	14	22	5	10	10	22	9	9	9	22	14	14	9	22	10	14	14	22	12	12	12	22	5	5	12	12	22	9	9	9	22	5	5	10	22	9	5	5	22	5	5	5	22	10	10	14	22	5
22	9	9	5	22	14	10	10	22	12	12	12	14	14	22	10	10	10	22	9	9	5	22	14	9	9	22	14	14	14	12	12	22	5	5	5	12	22	10	9	9	22	5	5	5	22	9	9	5	5	5	22	5	5	9	22	10	14	14	22
9	9	9	22	14	14	10	22	5	12	12	22	14	14	14	22	10	10	12	22	9	5	5	22	9	9	9	22	14	14	12	22	9	5	5	5	22	10	10	9	22	12	5	5	22	9	9	9	22	5	5	10	22	5	9	9	22	14	14	14
9	9	22	14	14	14	22	5	5	12	22	10	22	14	14	5	22	10	12	12	22	5	5	5	22	9	9	5	22	14	22	9	9	5	5	22	10	10	10	22	12	12	5	22	14	9	9	22	10	22	5	10	10	22	9	9	9	22	14	14
9	22	12	14	14	22	5	5	5	22	10	10	9	22	14	5	5	22	12	12	12	22	5	5	12	22	9	5	5	22	9	9	9	5	22	14	10	10	22	12	12	12	22	14	14	9	22	14	10	10	22	10	10	10	22	9	9	12	22	14
22	12	12	14	22	9	5	5	22	10	10	10	9	9	22	5	5	5	22	12	12	14	22	5	12	12	22	5	5	5	9	9	9	22	14	14	10	22	5	12	12	22	14	14	14	22	14	14	10	10	10	22	10	10	14	22	9	12	12	22
12	12	12	22	9	9	5	22	14	10	10	22	9	9	9	22	5	5	10	22	12	14	14	22	12	12	12	22	5	5	9	9	22	14	14	14	22	5	5	12	22	10	14	14	22	14	14	14	22	10	10	9	22	10	14	14	22	12	12	12
12	12	22	9	9	9	22	14	14	10	22	5	22	9	9	14	22	5	10	10	22	14	14	14	22	12	12	9	22	5	9	22	10	14	14	22	5	5	5	22	10	10	14	22	10	14	14	22	12	22	10	9	9	22	14	14	14	22	12	12
12	22	10	9	9	22	14	14	14	22	5	5	12	22	9	14	14	22	10	10	10	22	14	14	10	22	12	9	9	22	22	10	10	14	22	9	5	5	22	10	10	10	22	10	10	14	22	5	12	12	22	9	9	9	22	14	14	10	22	12
22	10	10	9	22	12	14	14	22	5	5	5	12	12	22	14	14	14	22	10	10	9	22	14	10	10	22	9	9	22	22	10	10	22	9	9	5	22	14	10	10	22	10	10	10	22	5	5	12	12	12	22	9	9	5	22	14	10	10	22
10	10	10	22	12	12	14	22	9	5	5	22	12	12	12	22	14	14	5	22	10	9	9	22	10	10	10	22	9	9	10	10	22	9	9	9	22	14	14	10	22	5	10	10	22	5	5	5	22	12	12	14	22	9	5	5	22	10	10	10
10	10	22	12	12	12	22	9	9	5	22	14	22	12	12	9	22	14	5	5	22	9	9	9	22	10	10	12	22	15	15	22	12	9	9	22	14	14	14	22	5	5	10	22	12	5	5	22	5	22	12	14	14	22	5	5	5	22	10	10
10	22	5	12	12	22	9	9	9	22	14	14	10	22	12	9	9	22	5	5	5	22	9	9	5	22	10	12	12	22	22	12	12	9	22	12	14	14	22	5	5	5	22	12	12	5	22	10	5	5	22	14	14	14	22	5	5	14	22	10
22	5	5	10	22	10	12	12	22	14	14	14	10	10	22	9	9	9	22	5	5	12	22	9	5	5	22	12	12	22	22	12	12	22	12	12	14	22	9	9	9	22	10	10	10	22	10	10	5	5	5	22	10	10	5	22	10	14	14	22
14	22	5	10	10	22	12	12	12	22	14	14	10	22	5	9	9	22	14	14	5	22	12	12	5	22	14	12	12	22	22	12	12	5	22	12	9	9	22	9	9	9	22	10	10	12	22	10	5	5	22	10	10	10	22	10	10	14	22	9
14	14	22	10	10	10	22	12	12	9	22	14	22	5	5	9	22	12	14	14	22	12	12	12	22	14	14	12	22	15	15	22	12	5	5	22	9	9	9	22	9	9	5	22	10	12	12	22	5	22	14	10	10	22	10	10	10	22	9	9
14	14	14	22	10	10	9	22	12	9	9	22	5	5	5	22	12	12	14	22	9	12	12	22	14	14	14	22	10	10	10	10	22	5	5	5	22	9	9	12	22	9	5	5	22	12	12	12	22	14	14	10	22	12	10	10	22	9	9	9
22	14	14	5	22	10	9	9	22	9	9	9	5	5	22	12	12	12	22	9	9	12	22	10	14	14	22	10	10	22	22	10	10	22	5	5	12	22	9	12	12	22	5	5	5	22	12	12	14	14	14	22	12	12	10	22	5	9	9	22
9	22	14	5	5	22	9	9	9	22	9	9	5	22	14	12	12	22	9	9	9	22	10	10	14	22	9	10	10	22	22	10	10	14	22	5	12	12	22	12	12	12	22	5	5	10	22	12	14	14	22	12	12	12	22	5	5	9	22	12
9	9	22	5	5	5	22	9	9	12	22	9	22	14	14	12	22	10	9	9	22	10	10	10	22	9	9	10	22	5	9	22	10	14	14	22	12	12	12	22	12	12	14	22	5	10	10	22	14	22	9	12	12	22	5	5	5	22	12	12
9	9	9	22	5	5	10	22	9	12	12	22	14	14	14	22	10	10	9	22	12	10	10	22	9	9	9	22	5	5	9	9	22	14	14	14	22	12	12	10	22	12	14	14	22	10	10	10	22	9	9	12	22	10	5	5	22	12	12	12
22	9	9	14	22	5	10	10	22	12	12	12	14	14	22	10	10	10	22	12	12	10	22	5	9	9	22	5	5	22	9	9	9	22	14	14	10	22	12	10	10	22	14	14	14	22	10	10	9	9	9	22	10	10	5	22	9	12	12	22
12	22	9	14	14	22	10	10	10	22	12	12	14	22	9	10	10	22	12	12	12	22	5	5	9	22	12	5	22	14	22	9	9	5	22	14	10	10	22	10	10	10	22	14	14	5	22	10	9	9	22	10	10	10	22	9	9	12	22	5
12	12	22	14	14	14	22	10	10	14	22	12	22	9	9	10	22	5	12	12	22	5	5	5	22	12	12	22	14	14	12	22	9	5	5	22	10	10	10	22	10	10	9	22	14	5	5	22	9	22	12	10	10	22	9	9	9	22	5	5
12	12	12	22	14	14	5	22	10	14	14	22	9	9	9	22	5	5	12	22	10	5	5	22	12	12	22	14	14	14	12	12	22	5	5	5	22	10	10	5	22	10	9	9	22	5	5	5	22	12	12	10	22	5	9	9	22	5	5	5
12	12	12	9	22	14	5	5	22	14	14	14	9	9	22	5	5	5	22	10	10	5	22	14	12	22	10	14	14	22	12	12	12	22	5	5	12	22	10	5	5	22	9	9	9	22	5	5	12	12	12	22	5	5	9	22	14	5	5	5
22	12	12	9	9	22	5	5	5	22	14	14	9	22	12	5	5	22	10	10	10	22	14	14	22	10	10	14	22	9	22	12	12	14	22	5	12	12	22	5	5	5	22	9	9	14	22	5	12	12	22	5	5	5	22	14	14	5	5	22
5	22	12	9	9	9	22	5	5	9	22	14	22	12	12	5	22	9	10	10	22	14	14	22	10	10	10	22	9	9	10	22	12	14	14	22	12	12	12	22	5	5	12	22	9	14	14	22	12	22	10	5	5	22	14	14	14	5	22	9
5	5	22	9	9	9	14	22	5	9	9	22	12	12	12	22	9	9	10	22	5	14	22	9	10	10	22	9	9	9	10	10	22	14	14	14	22	12	12	14	22	5	12	12	22	14	14	14	22	10	10	5	22	9	14	14	14	22	9	9
5	5	5	22	9	9	14	14	22	9	9	9	12	12	22	9	9	9	22	5	5	22	9	9	10	22	5	9	9	22	10	10	10	22	14	14	10	22	12	14	14	22	12	12	12	22	14	14	10	10	10	22	9	9	14	14	22	9	9	9
22	5	5	12	22	9	14	14	14	22	9	9	12	22	10	9	9	22	5	5	22	9	9	9	22	5	5	9	22	12	22	10	10	9	22	14	10	10	22	14	14	14	22	12	12	9	22	14	10	10	22	9	9	9	14	22	12	9	9	9
10	22	5	12	12	22	14	14	14	12	22	9	22	10	10	9	22	12	5	22	14	9	9	22	5	5	5	22	12	12	5	22	10	9	9	22	10	10	10	22	14	14	12	22	12	9	9	22	10	22	10	9	9	9	22	12	12	9	9	9
10	10	22	12	12	12	22	14	14	12	12	22	10	10	10	22	12	12	22	14	14	9	22	12	5	5	22	12	12	12	5	5	22	9	9	9	22	10	10	9	22	14	22	22	22	22	22	22	22	22	22	22	22	22	22	22	22	22	22	22
22	22	22	22	22	22	22	22	22	22	22	22	22	22	22	22	22	22	14	14	14	22	12	12	5	22	14	12	12	22	5	5	5	22	9	9	5	22	10	9	9	22	22	22	22	22	22	22	22	22	22	22	22	22	22	22	22	22	22	22
22	22	22	22	22	22	22	22	22	22	22	22	22	22	22	22	22	22	14	14	22	12	12	12	22	14	14	12	22	10	22	5	5	12	22	9	5	5	22	9	9	9	22	22	14	14	14	14	14	14	14	14	14	14	14	14	14	14	14	14
14	14	14	14	14	14	14	14	14	14	14	14	14	14	14	14	22	22	14	22	5	12	12	22	14	14	14	22	10	10	14	22	5	12	12	22	5	5	5	22	9	9	22	22	14	5	5	5	5	5	5	5	5	5	5	5	5	5	5	5
5	5	5	5	5	5	5	5	5	5	5	5	5	5	5	14	22	22	22	5	5	12	22	12	14	14	22	10	10	10	14	14	22	12	12	12	22	5	5	12	22	9	22	22	14	5	10	10	10	10	10	10	10	10	10	10	10	10	10	10
10	10	10	10	10	10	10	10	10	10	10	10	10	10	5	14	22	22	5	5	5	22	12	12	14	22	10	10	10	10	14	14	14	22	12	12	5	22	14	12	12	22	22	22	14	5	10	22	22	22	22	22	22	22	22	22	22	22	22	22
22	22	22	22	22	22	22	22	22	22	22	22	22	10	5	14	22	22	22	5	5	10	22	12	14	14	22	10	10	10	14	14	22	12	12	12	22	14	14	12	22	10	22	22	14	5	10	22	12	12	12	12	12	12	12	12	12	12	12	12
12	12	12	12	12	12	12	12	12	12	12	12	22	10	5	14	22	22	9	22	5	10	10	22	14	14	14	22	10	10	14	22	9	12	12	22	14	14	14	22	10	10	22	22	14	5	10	22	12	9	9	9	9	9	9	9	9	9	9	9
9	9	9	9	9	9	9	9	9	9	9	12	22	10	5	14	22	22	9	9	22	10	10	10	22	14	14	5	22	10	22	9	9	12	22	10	14	14	22	10	10	10	22	22	14	5	10	22	12	9	14	14	14	14	14	14	14	14	14	14
14	14	14	14	14	14	14	14	14	14	9	12	22	10	5	14	22	22	9	9	9	22	10	10	9	22	14	5	5	22	9	9	9	22	10	10	14	22	9	10	10	22	22	22	14	5	10	22	12	9	14	22	22	22	22	22	22	22	22	22
22	22	22	22	22	22	22	22	22	14	9	12	22	10	5	14	22	22	22	9	9	5	22	10	9	9	22	5	5	5	9	9	22	10	10	10	22	9	9	10	22	5	22	22	14	5	10	22	12	9	14	22	10	10	10	10	10	10	10	10
10	10	10	10	10	10	10	10	22	14	9	12	22	10	5	14	22	22	12	22	9	5	5	22	9	9	9	22	5	5	9	22	12	10	10	22	9	9	9	22	5	5	22	22	14	5	10	22	12	9	14	22	10	5	5	5	5	5	5	5
5	5	5	5	5	5	5	10	22	14	9	12	22	10	5	14	22	22	12	12	22	5	5	5	22	9	9	14	22	5	22	12	12	10	22	5	9	9	22	5	5	5	22	22	14	5	10	22	12	9	14	22	10	5	9	9	9	9	9	9
9	9	9	9	9	9	5	10	22	14	9	12	22	10	5	14	22	22	12	12	12	22	5	5	12	22	9	14	14	22	12	12	12	22	5	5	9	22	12	5	5	22	22	22	14	5	10	22	12	9	14	22	10	5	9	15	15	15	15	15
15	15	15	15	15	9	5	10	22	14	9	12	22	10	5	14	22	22	22	12	12	14	22	5	12	12	22	14	14	14	12	12	22	5	5	5	22	12	12	5	22	14	22	22	14	5	10	22	12	9	14	22	10	5	9	15	15	15	15	15
15	15	15	15	15	9	5	10	22	14	9	12	22	10	5	14	22	22	10	22	12	14	14	22	12	12	12	22	14	14	12	22	10	5	5	22	12	12	12	22	14	14	22	22	14	5	10	22	12	9	14	22	10	5	9	15	15	15	15	15
15	15	15	15	15	9	5	10	22	14	9	12	22	10	5	14	22	22	10	10	22	14	14	14	22	12	12	9	22	14	22	10	10	5	22	14	12	12	22	14	14	14	22	22	14	5	10	22	12	9	14	22	10	5	9	15	15	15	15	15
15	15	15	15	15	9	5	10	22	14	9	12	22	10	5	14	22	22	10	10	10	22	14	14	10	22	12	9	9	22	10	10	10	22	14	14	12	22	10	14	14	22	22	22	14	5	10	22	12	9	14	22	10	5	9	15	15	15	15	15
15	15	15	15	15	9	5	10	22	14	9	12	22	10	5	14	22	22	22	10	10	9	22	14	10	10	22	9	9	9	10	10	22	14	14	14	22	10	10	14	22	9	22	22	14	5	10	22	12	9	14	22	10	5	9	15	15	15	15	15
15	15	15	15	15	9	5	10	22	14	9	12	22	10	5	14	22	22	5	22	10	9	9	22	10	10	10	22	9	9	10	22	5	14	14	22	10	10	10	22	9	9	22	22	14	5	10	22	12	9	14	22	10	5	9	15	15	15	15	15
15	15	15	15	15	9	5	10	22	14	9	12	22	10	5	14	22	22	5	5	22	9	9	9	22	10	10	9	22	9	22	5	5	14	22	10	10	10	22	9	9	9	22	22	14	5	10	22	12	9	14	22	10	5	9	15	15	15	15	15

22	22	22	19	19	19	19	19	19	19	19	22	22	22	22	22	19	19	19	19	22	19	19	19	19	22	18	18	18	18	10	10	18	18	18	18	22	2	2	2	2	22	2	2	2	2	22	22	22	22	22	2	2	2	2	2	2	2	2	22	22	22
19	19	19	22	22	22	22	22	22	22	22	19	19	19	19	19	19	19	19	19	22	19	19	19	19	22	19	18	18	18	18	10	10	18	18	18	18	2	22	2	2	2	22	2	2	2	2	2	2	2	2	22	22	22	22	22	22	22	22	2	2	2
19	19	19	19	19	19	19	19	19	19	19	19	19	19	19	19	19	22	19	19	19	19	18	18	18	18	18	18	18	18	18	18	18	18	18	18	18	18	18	2	2	2	2	22	2	2	2	2	2	2	2	2	2	2	2	2	2	2	2	2	2	2
22	22	19	19	19	19	19	19	19	19	19	19	22	22	22	22	22	19	18	18	18	18	18	18	22	22	22	22	22	22	22	22	22	22	22	22	22	18	18	18	18	18	18	2	22	22	22	22	22	2	2	2	2	2	2	2	2	2	2	2	22	22
19	19	22	22	22	22	22	22	22	22	22	22	22	19	19	19	19	19	19	18	18	18	18	22	22	18	18	18	18	18	18	18	18	18	18	18	18	22	22	18	18	18	18	2	2	2	2	2	2	22	22	22	22	22	22	22	22	22	22	22	2	2
19	19	19	19	19	19	19	19	19	19	19	19	19	19	19	19	19	18	18	18	18	22	22	18	18	18	18	18	18	18	18	18	18	18	18	18	18	18	18	22	22	18	18	18	18	2	2	2	2	2	2	2	2	2	2	2	2	2	2	2	2	2
19	19	19	19	19	19	19	19	19	19	19	19	19	19	19	19	19	18	18	18	22	18	18	18	18	18	18	18	18	18	18	18	18	18	18	18	18	18	18	18	18	22	18	18	18	2	2	2	2	2	2	2	2	2	2	2	2	2	2	2	2	2
22	22	22	19	19	19	19	19	19	19	19	19	19	22	18	18	18	18	22	18	18	18	18	18	18	22	22	22	22	22	22	22	22	22	22	22	22	18	18	18	18	18	18	22	18	18	18	18	22	2	2	2	2	2	2	2	2	2	2	22	22	22
19	19	19	22	22	22	22	22	22	22	22	22	22	19	18	18	18	22	18	18	18	18	22	22	22	18	18	18	18	18	18	18	18	18	18	18	18	22	22	22	18	18	18	18	22	18	18	18	2	22	22	22	22	22	22	22	22	22	22	22	2	2
14	14	19	19	19	19	19	19	19	19	19	19	19	19	18	18	22	18	18	18	18	22	18	18	18	18	18	18	18	18	18	18	18	18	18	18	18	18	18	18	18	22	18	18	18	18	22	18	18	2	2	2	2	2	2	2	2	2	2	2	14	14
22	22	19	19	19	19	19	19	19	19	19	19	19	18	18	18	22	18	18	18	18	22	18	18	18	18	18	18	18	18	18	18	18	18	18	18	18	18	18	18	18	18	22	18	18	18	18	22	18	2	2	2	2	2	2	2	2	2	2	2	22	22
14	14	22	14	14	19	19	19	19	19	19	19	18	18	22	18	18	18	18	22	18	18	18	18	18	18	18	18	22	22	22	22	22	22	18	18	18	18	18	18	18	18	22	18	18	18	18	22	18	18	2	2	2	2	2	2	2	14	14	22	14	14
14	14	14	22	14	19	19	19	19	19	19	19	18	18	22	18	18	18	22	18	18	18	18	22	22	22	22	18	18	18	18	18	18	18	18	22	22	22	22	18	18	18	18	22	18	18	18	22	18	18	2	2	2	2	2	2	2	14	22	14	14	14
14	14	14	14	22	14	14	14	14	14	18	18	18	18	22	18	18	22	18	18	18	18	22	18	18	18	18	18	18	18	18	18	18	18	18	18	18	18	18	22	18	18	18	18	22	18	18	22	18	18	14	14	14	14	14	14	14	22	14	14	14	14
22	14	14	14	14	22	14	14	14	14	18	18	18	22	18	18	18	22	18	18	18	22	18	18	18	18	18	18	18	18	18	18	18	18	18	18	18	18	18	18	22	18	18	18	22	18	18	18	22	18	18	18	14	14	14	14	22	14	14	14	14	22
14	22	14	14	14	14	22	14	14	14	18	18	18	22	18	18	18	22	18	18	22	18	18	18	18	18	18	18	22	22	22	22	22	22	18	18	18	18	18	18	18	22	18	18	22	18	18	18	22	18	18	18	14	14	14	22	14	14	14	14	22	14
14	14	22	14	14	14	14	22	14	14	18	18	18	22	18	18	18	22	18	18	22	18	18	18	18	22	22	18	18	18	18	18	18	18	18	22	22	18	18	18	18	22	18	18	22	18	18	18	22	18	18	18	14	14	22	14	14	14	14	22	14	14
14	14	14	22	14	14	14	22	14	14	18	18	22	18	18	18	18	22	18	18	22	18	18	18	22	18	18	18	18	18	18	18	18	18	18	18	18	22	18	18	18	22	18	18	22	18	18	18	18	22	18	18	14	14	22	14	14	14	22	14	14	14
14	14	14	14	22	14	14	14	22	14	18	18	22	18	18	18	22	18	18	22	18	18	22	18	18	18	18	18	18	18	18	18	18	18	18	18	18	18	18	22	18	18	22	18	18	22	18	18	18	22	18	18	14	22	14	14	14	22	14	14	14	14
22	14	14	14	22	14	14	14	22	14	18	18	22	18	18	18	22	18	18	18	22	18	18	22	18	18	18	18	18	18	18	18	18	18	18	18	18	18	22	18	18	22	18	18	18	22	18	18	18	22	18	18	14	22	14	14	14	22	14	14	14	22
22	14	14	14	22	14	2	2	2	2	2	2	2	2	2	2	2	22	18	18	22	18	18	18	22	18	18	18	18	22	22	22	22	18	18	18	18	22	18	18	18	22	18	18	22	19	19	19	19	19	19	19	19	19	19	19	14	22	14	14	14	22
22	14	14	14	14	22	2	2	2	2	2	2	2	2	2	2	2	22	18	18	22	18	18	22	18	18	18	18	22	18	18	18	18	22	18	18	18	18	22	18	18	22	18	18	22	19	19	19	19	19	19	19	19	19	19	19	22	14	14	14	14	22
22	14	14	2	2	22	22	22	22	22	22	22	22	2	2	2	2	2	2	2	22	18	18	22	18	18	18	22	18	18	18	18	18	18	22	18	18	18	22	18	18	22	19	19	19	19	19	19	19	22	22	22	22	22	22	22	22	19	19	14	14	22
14	22	14	2	2	2	2	2	2	2	2	2	2	2	22	22	22	2	2	2	22	18	18	22	18	18	22	18	18	18	18	18	18	18	18	22	18	18	22	18	18	22	19	19	19	22	22	22	19	19	19	19	19	19	19	19	19	19	19	14	22	14
2	2	2	2	2	2	2	2	2	2	2	2	2	2	2	2	22	22	22	2	2	2	2	18	18	22	18	18	18	18	18	18	18	18	18	18	22	18	18	19	19	19	19	22	22	22	19	19	19	19	19	19	19	19	19	19	19	19	19	19	19	19
2	2	2	2	2	2	2	2	2	2	2	2	2	2	2	2	2	2	2	2	22	2	2	2	18	18	22	18	18	18	22	22	18	18	18	22	18	18	19	19	19	22	19	19	19	19	19	19	19	19	19	19	19	19	19	19	19	19	19	19	19	19
2	2	22	22	22	22	22	22	22	22	22	22	2	2	2	2	2	2	2	2	2	22	2	2	2	2	22	18	18	22	18	18	22	18	18	22	19	19	19	19	22	19	19	19	19	19	19	19	19	19	22	22	22	22	22	22	22	22	22	22	19	19
22	22	2	2	2	2	2	2	2	2	2	2	2	22	22	22	22	22	2	2	2	2	22	2	2	2	22	18	18	22	18	18	22	18	18	22	19	19	19	22	19	19	19	19	22	22	22	22	22	19	19	19	19	19	19	19	19	19	19	19	22	22
2	2	2	2	2	2	2	2	2	2	2	2	2	2	2	2	2	22	2	2	2	2	22	2	2	2	2	22	18	18	18	18	22	19	19	19	19	22	19	19	19	19	22	19	19	19	19	19	19	19	19	19	19	19	19	19	19	19	19	19	19	19
2	2	2	22	22	22	22	22	22	22	2	2	2	2	2	2	2	2	22	2	2	2	2	22	2	2	2	22	18	18	18	18	22	19	19	19	19	22	19	19	19	19	22	19	19	19	19	19	19	19	19	19	22	22	22	22	22	22	22	19	19	19
22	22	22	2	2	2	2	2	2	2	22	22	22	22	22	2	2	2	2	22	2	2	2	22	2	2	18	18	22	22	18	18	19	19	22	19	19	19	19	19	22	19	19	19	19	22	22	22	22	22	19	19	19	19	19	19	19	19	19	22	22	22
2	2	2	2	2	2	2	2	2	2	2	2	2	2	2	22	2	2	2	2	22	2	2	2	22	2	2	18	22	18	18	22	18	19	19	22	19	19	19	22	19	19	19	19	22	19	19	19	19	19	19	19	19	19	19	19	19	19	19	19	19	19
2	2	2	2	22	22	22	22	22	2	2	2	2	2	2	2	2	22	2	2	2	2	22	2	2	2	22	2	2	22	18	18	22	19	19	22	19	19	19	22	19	19	19	19	19	22	19	19	19	19	19	19	19	22	22	22	22	22	19	19	19	19
2	22	22	22	2	2	2	2	2	22	22	22	2	2	2	2	2	22	2	2	2	22	2	2	2	22	2	2	22	18	18	22	19	19	22	19	19	19	22	19	19	19	19	22	19	19	19	19	19	19	22	22	22	19	19	19	19	19	22	22	22	19
22	2	2	2	2	2	2	2	2	2	2	22	2	2	2	2	22	2	2	2	2	22	2	2	2	22	2	18	18	18	18	19	22	19	19	19	19	19	22	19	19	19	19	22	19	19	19	19	19	22	19	19	19	19	19	19	19	19	19	19	19	22
2	2	2	2	22	22	22	2	2	2	2	2	2	2	22	2	2	2	22	2	2	2	2	22	2	2	2	22	2	2	2	19	19	19	22	19	19	19	22	19	19	19	19	22	19	19	19	19	22	19	19	19	19	19	19	22	22	22	19	19	19	19
2	2	22	22	2	2	2	22	2	2	2	2	2	22	2	2	2	22	2	2	2	2	22	2	2	2	22	2	2	2	2	19	19	19	22	19	19	19	22	19	19	19	19	22	19	19	19	22	19	19	19	19	19	22	19	19	19	19	22	22	19	19
22	22	2	2	2	2	2	2	22	2	2	2	2	2	22	2	2	2	22	2	2	2	2	22	2	2	2	22	2	2	2	19	19	19	22	19	19	19	22	19	19	19	19	22	19	19	19	22	19	19	19	19	19	22	19	19	19	19	19	19	22	22
2	2	22	2	2	2	2	2	2	22	2	2	2	2	22	2	2	2	22	2	2	2	2	22	2	2	2	22	2	2	2	19	19	19	22	19	19	19	22	19	19	19	19	22	19	19	19	22	19	19	19	19	22	19	19	19	19	19	19	22	19	19
2	2	2	22	10	10	2	2	2	22	2	2	2	2	22	2	2	2	22	2	2	2	2	22	2	2	2	22	2	2	10	10	19	19	22	19	19	19	22	19	19	19	19	22	19	19	19	22	19	19	19	19	22	19	19	19	10	10	22	19	19	19
2	2	2	22	10	10	2	2	2	22	2	2	2	2	22	2	2	2	22	2	2	2	2	22	2	2	2	22	2	2	10	10	19	19	22	19	19	19	22	19	19	19	19	22	19	19	19	22	19	19	19	19	22	19	19	19	10	10	22	19	19	19
2	2	22	2	2	2	2	2	2	22	2	2	2	2	22	2	2	2	22	2	2	2	2	22	2	2	2	22	2	2	2	19	19	19	22	19	19	19	22	19	19	19	19	22	19	19	19	22	19	19	19	19	22	19	19	19	19	19	19	22	19	19
22	22	2	2	2	2	2	2	22	2	2	2	2	2	22	2	2	2	22	2	2	2	2	22	2	2	2	22	2	2	2	19	19	19	22	19	19	19	22	19	19	19	19	22	19	19	19	22	19	19	19	19	19	22	19	19	19	19	19	19	22	22
2	2	22	22	2	2	2	22	2	2	2	2	2	22	2	2	2	22	2	2	2	2	22	2	2	2	22	2	2	2	2	19	19	19	22	19	19	19	22	19	19	19	19	22	19	19	19	22	19	19	19	19	19	22	19	19	19	19	22	22	19	19
2	2	2	2	22	22	22	2	2	2	2	2	2	2	22	2	2	2	22	2	2	2	2	22	2	2	2	22	2	2	2	19	19	19	22	19	19	19	22	19	19	19	19	22	19	19	19	19	22	19	19	19	19	19	19	22	22	22	19	19	19	19
22	2	2	2	2	2	2	2	2	2	2	2	2	2	22	2	2	2	22	2	2	2	2	22	2	2	2	22	2	14	14	14	14	19	22	19	19	19	22	19	19	19	19	22	19	19	19	19	22	19	19	19	19	19	19	19	19	19	19	19	19	22
2	22	22	22	2	2	2	2	2	22	22	22	2	2	2	2	2	22	2	2	2	22	2	2	2	22	2	2	22	14	14	22	19	19	22	19	19	19	22	19	19	19	19	22	19	19	19	19	19	22	22	22	19	19	19	19	19	19	22	22	22	19
2	2	2	2	22	22	22	22	22	2	2	2	2	2	2	2	2	22	2	2	2	22	2	2	2	22	2	2	22	14	14	22	19	19	22	19	19	19	22	19	19	19	19	22	19	19	19	19	19	19	19	19	19	22	22	22	22	22	19	19	19	19
2	2	2	2	2	2	2	2	2	2	2	2	2	2	2	22	2	2	2	2	22	2	2	2	22	2	2	14	22	14	14	22	14	19	19	22	19	19	19	22	19	19	19	19	22	19	19	19	19	19	19	19	19	19	19	19	19	19	19	19	19	19
22	22	22	2	2	2	2	2	2	2	22	22	22	22	22	2	2	2	2	22	2	2	2	22	2	2	14	14	22	22	14	14	19	19	22	19	19	19	19	19	22	19	19	19	19	22	22	22	22	22	19	19	19	19	19	19	19	19	19	22	22	22
2	2	2	22	22	22	22	22	22	22	2	2	2	2	2	2	2	2	22	2	2	2	2	22	2	2	2	22	14	14	14	14	22	19	19	19	19	22	19	19	19	19	22	19	19	19	19	19	19	19	19	19	22	22	22	22	22	22	22	19	19	19
2	2	2	2	2	2	2	2	2	2	2	2	2	2	2	2	2	22	2	2	2	2	22	2	2	2	2	22	14	14	14	14	22	19	19	19	19	22	19	19	19	19	22	19	19	19	19	19	19	19	19	19	19	19	19	19	19	19	19	19	19	19
22	22	2	2	2	2	2	2	2	2	2	2	2	22	22	22	22	22	2	2	2	2	22	2	2	2	22	14	14	22	14	14	22	14	14	22	19	19	19	22	19	19	19	19	22	22	22	22	22	19	19	19	19	19	19	19	19	19	19	19	22	22
2	2	22	22	22	22	22	22	22	22	22	22	2	2	2	2	2	2	2	2	2	22	2	2	2	2	22	14	14	22	14	14	22	14	14	22	19	19	19	19	22	19	19	19	19	19	19	19	19	19	22	22	22	22	22	22	22	22	22	22	19	19
2	2	2	2	2	2	2	2	2	2	2	2	2	2	2	2	2	2	2	2	22	2	2	2	14	14	22	14	14	14	22	22	14	14	14	22	14	14	19	19	19	22	19	19	19	19	19	19	19	19	19	19	19	19	19	19	19	19	19	19	19	19
2	2	2	2	2	2	2	2	2	2	2	2	2	2	2	2	22	22	22	2	2	2	2	14	14	22	14	14	14	14	14	14	14	14	14	14	22	14	14	19	19	19	19	22	22	22	19	19	19	19	19	19	19	19	19	19	19	19	19	19	19	19
18	18	2	2	2	2	2	2	2	2	2	2	2	2	22	22	22	2	2	2	2	14	14	22	14	14	22	14	14	14	14	14	14	14	22	14	14	22	14	14	19	19	19	19	19	22	22	22	19	19	19	19	19	19	19	19	19	19	19	19	18	18
22	22	2	2	2	22	22	22	22	22	22	22	22	2	2	2	2	2	2	2	14	14	22	14	14	14	22	14	14	14	14	14	14	22	14	14	14	22	14	14	19	19	19	19	19	19	19	19	22	22	22	22	22	22	22	22	19	19	19	19	22	22
18	18	22	18	18	2	2	2	2	2	2	2	2	2	2	2	2	2	14	14	22	14	14	22	14	14	14	14	22	14	14	14	14	22	14	14	14	14	22	14	14	22	14	14	19	19	19	19	19	19	19	19	19	19	19	19	19	18	18	22	18	18
18	18	18	22	18	2	2	2	2	2	2	2	2	2	2	2	2	2	14	14	22	14	14	14	22	14	14	14	14	22	22	22	22	14	14	14	14	22	14	14	14	22	14	14	19	19	19	19	19	19	19	19	19	19	19	19	19	18	22	18	18	18
18	18	18	18	22	18	18	18	18	18	14	14	22	14	14	14	22	14	14	14	22	14	14	22	14	14	14	14	14	14	14	14	14	14	14	14	14	14	22	14	14	22	14	14	14	22	14	14	14	22	14	14	18	18	18	18	18	22	18	18	18	18
22	18	18	18	18	22	18	18	18	18	14	14	22	14	14	14	22	14	14	14	22	14	14	22	14	14	14	14	14	14	14	14	14	14	14	14	14	14	22	14	14	22	14	14	14	22	14	14	14	22	14	14	18	18	18	18	22	18	18	18	18	22
18	22	18	18	18	18	22	18	18	18	14	14	22	14	14	14	14	22	14	14	22	14	14	14	22	14	14	14	14	14	14	14	14	14	14	14	14	22	14	14	14	22	14	14	22	14	14	14	14	22	14	14	18	18	18	22	18	18	18	18	22	18
18	18	22	18	18	18	18	22	18	18	14	14	14	22	14	14	14	22	14	14	22	14	14	14	14	22	22	14	14	14	14	14	14	14	14	22	22	14	14	14	14	22	14	14	22	14	14	14	22	14	14	14	18	18	22	18	18	18	18	22	18	18
18	18	18	22	18	18	18	22	18	18	14	14	14	22	14	14	14	22	14	14	22	14	14	14	14	14	22	22	22	22	22	22	14	14	14	14	14	14	14	14	14	22	14	14	22	14	14	14	22	14	14	14	18	18	22	18	18	18	22	18	18	18
18	18	18	18	22	18	18	18	22	18	14	14	14	22	14	14	14	22	14	14	14	22	14	14	14	14	14	14	14	14	14	14	14	14	14	14	14	14	14	14	22	14	14	14	22	14	14	14	22	14	14	14	18	22	18	18	18	22	18	18	18	18
22	18	18	18	22	18	18	18	22	18	14	14	14	14	22	14	14	22	14	14	14	14	22	14	14	14	14	14	14	14	14	14	14	14	14	14	14	14	14	22	14	14	14	14	22	14	14	22	14	14	18	18	18	22	18	18	18	22	18	18	18	22
22	18	18	18	22	18	19	19	19	19	19	19	14	14	22	14	14	14	22	14	14	14	14	22	22	22	22	14	14	14	14	14	14	14	14	22	22	22	22	14	14	14	14	22	14	14	14	22	14	14	2	2	2	2	2	2	18	22	18	18	18	22
22	18	18	18	18	22	19	19	19	19	19	19	14	14	22	14	14	14	14	22	14	14	14	14	14	14	14	14	22	22	22	22	22	22	14	14	14	14	14	14	14	14	22	14	14	14	14	22	14	14	2	2	2	2	2	2	22	18	18	18	18	22
22	18	18	19	19	19	19	19	19	19	19	19	14	14	14	22	14	14	14	14	22	14	14	14	14	14	14	14	14	14	14	14	14	14	14	14	14	14	14	14	14	22	14	14	14	14	22	14	2	2	2	2	2	2	2	2	2	2	2	18	18	22
18	22	18	19	19	19	19	19	19	19	19	19	19	19	14	14	22	14	14	14	14	22	14	14	14	14	14	14	14	14	14	14	14	14	14	14	14	14	14	14	14	22	14	14	14	14	22	14	14	2	2	2	2	2	2	2	2	2	2	18	22	18
19	19	19	22	22	22	22	22	22	22	22	22	22	19	14	14	14	22	14	14	14	14	22	22	22	14	14	14	14	14	14	14	14	14	14	14	14	22	22	22	14	14	14	14	22	14	14	14	2	22	22	22	22	22	22	22	22	22	22	22	2	2
22	22	22	19	19	19	19	19	19	19	19	19	19	22	14	14	14	14	22	14	14	14	14	14	14	22	22	22	22	22	22	22	22	22	22	22	22	14	14	14	14	14	14	22	14	14	14	14	22	2	2	2	2	2	2	2	2	2	2	22	22	22
19	19	19	19	19	19	19	19	19	19	19	19	19	19	19	19	19	14	14	14	22	14	14	14	14	14	14	14	14	14	14	14	14	14	14	14	14	14	14	14	14	22	14	14	14	2	2	2	2	2	2	2	2	2	2	2	2	2	2	2	2	2
19	19	19	19	19	19	19	19	19	19	19	19	19	19	19	19	19	14	14	14	14	22	22	14	14	14	14	14	14	14	14	14	14	14	14	14	14	14	14	22	22	14	14	14	14	2	2	2	2	2	2	2	2	2	2	2	2	2	2	2	2	2
19	19	22	22	22	22	22	22	22	22	22	22	22	19	19	19	19	19	19	14	14	14	14	22	22	14	14	14	14	14	14	14	14	14	14	14	14	22	22	14	14	14	14	2	2	2	2	2	2	22	22	22	22	22	22	22	22	22	22	22	2	2
22	22	19	19	19	19	19	19	19	19	19	19	22	22	22	22	22	19	14	14	14	14	14	14	22	22	22	22	22	22	22	22	22	22	22	22	22	14	14	14	14	14	14	2	22	22	22	22	22	2	2	2	2	2	2	2	2	2	2	2	22	22
19	19	19	19	19	19	19	19	19	19	19	19	19	19	19	19	19	22	19	19	19	19	14	14	14	14	14	14	14	14	14	14	14	14	14	14	14	14	14	2	2	2	2	22	2	2	2	2	2	2	2	2	2	2	2	2	2	2	2	2	2	2
19	19	19	22	22	22	22	22	22	22	22	19	19	19	19	19	19	19	19	19	22	19	19	19	19	22	19	14	14	14	14	10	10	14	14	14	14	2	22	2	2	2	22	2	2	2	2	2	2	2	2	22	22	22	22	22	22	22	22	2	2	2
22	22	22	19	19	19	19	19	19	19	19	22	22	22	22	22	19	19	19	19	22	19	19	19	19	22	14	14	14	14	10	10	14	14	14	14	22	2	2	2	2	22	2	2	2	2	22	22	22	22	22	2	2	2	2	2	2	2	2	22	22	22

13	12	12	13	13	13	12	12	12	12	12	12	12	12	12	18	18	18	15	18	18	18	18	18	16	16	13	13	13	13	2	12	12	12	2	2	2	2	2	16	16	16	16	16	16	16	15	15	15	15	15	15	15	15	15	15	15	15	2	2
13	12	12	13	13	13	12	12	12	12	12	12	12	12	18	18	18	18	15	15	18	18	18	16	16	16	13	13	13	13	2	12	12	12	2	2	2	2	2	15	15	15	15	15	15	15	15	15	15	15	15	16	16	16	16	16	16	16	2	2
13	13	13	13	13	13	13	13	13	13	13	13	13	18	18	18	18	18	15	15	15	15	18	16	16	16	13	13	13	2	2	2	12	12	2	2	2	2	2	15	15	15	15	15	15	15	15	15	15	15	15	16	16	16	16	16	16	16	16	16
12	13	13	13	13	12	13	13	13	13	13	13	13	13	18	18	18	18	15	15	15	15	15	16	16	16	13	13	2	2	2	2	2	12	2	2	2	2	15	15	15	15	15	15	15	15	15	16	15	15	15	15	15	16	16	16	16	16	16	16
12	13	13	13	13	12	12	13	13	13	13	13	13	13	13	18	18	18	15	15	15	15	15	16	16	16	13	2	2	2	2	2	2	2	2	2	2	15	15	15	15	15	15	15	15	15	16	16	15	15	15	15	15	18	13	13	13	13	13	13
13	13	13	13	13	12	12	12	13	13	13	13	13	13	13	13	18	18	15	15	15	15	15	16	16	16	2	2	2	2	2	2	2	2	2	15	2	2	2	2	2	2	2	2	2	16	16	16	15	15	15	15	15	18	18	13	13	13	13	13
13	13	13	13	13	12	12	12	9	13	13	13	13	13	13	13	13	18	15	15	15	15	15	16	16	15	15	15	15	15	15	15	15	15	2	2	2	2	2	2	2	2	2	2	13	16	16	16	15	15	15	15	15	18	18	18	13	13	13	13
13	13	13	13	13	12	12	12	9	9	16	16	16	16	16	16	16	16	15	15	15	15	15	16	15	15	15	15	15	15	15	15	15	2	2	2	2	12	2	2	2	2	2	13	13	16	16	16	15	15	15	15	15	18	18	18	18	13	13	13
13	13	13	13	13	12	12	12	9	9	9	16	16	16	16	16	16	16	16	15	15	15	15	15	15	15	15	15	15	15	15	15	2	2	2	2	2	12	12	2	2	2	13	13	13	16	16	16	18	15	15	15	15	18	18	18	18	18	13	13
13	13	13	13	9	12	12	12	9	9	9	9	9	16	16	16	16	16	16	16	15	15	15	15	15	15	15	15	15	15	15	15	2	2	2	2	2	12	12	12	2	13	13	13	13	16	16	16	18	18	18	15	15	18	18	18	12	12	12	12
13	13	13	9	9	12	12	12	9	9	9	9	9	15	15	15	15	15	15	15	15	15	15	15	15	16	16	16	16	16	16	16	2	2	2	2	2	12	12	12	2	13	13	13	13	16	16	18	18	18	18	18	15	18	18	12	12	12	12	12
13	13	9	9	9	9	12	12	9	9	9	9	15	15	15	15	15	15	15	15	15	15	15	15	15	16	16	16	16	16	16	16	16	16	2	2	2	12	12	12	13	13	13	13	13	16	16	18	18	18	18	18	18	18	12	12	12	12	12	12
13	9	9	9	9	9	9	12	9	9	9	15	15	15	15	15	15	15	15	15	16	15	15	15	15	15	15	16	16	16	16	16	16	16	16	2	2	12	12	12	13	13	13	13	13	16	18	18	18	18	18	18	18	18	18	18	18	18	18	18
9	9	9	9	9	9	9	9	9	15	15	15	15	15	15	15	15	15	16	16	15	15	15	15	15	15	15	18	13	13	13	13	13	13	13	13	2	12	12	12	13	13	13	13	13	18	18	18	18	18	18	18	18	18	18	18	18	18	18	18
15	15	15	15	15	15	15	15	2	2	2	2	2	2	2	2	2	16	16	16	15	15	15	15	15	15	15	15	18	18	13	13	13	13	13	13	13	13	12	12	12	13	13	13	13	12	12	12	12	12	12	12	12	18	18	15	18	18	18	18
15	15	15	15	15	15	2	2	2	2	2	2	2	2	2	2	13	16	16	16	15	15	15	15	15	15	15	18	18	18	13	13	13	13	13	13	13	13	12	12	13	13	13	12	12	12	12	12	12	12	12	12	18	18	18	15	15	18	18	18
15	15	15	15	15	2	2	2	2	12	2	2	2	2	2	13	13	16	16	16	15	15	15	15	15	15	15	18	18	18	18	13	13	13	13	13	13	13	12	12	13	13	13	12	12	12	12	12	12	12	12	18	18	18	18	15	15	15	15	18
15	15	15	15	2	2	2	2	2	12	12	2	2	2	13	13	13	16	16	16	18	15	15	15	15	15	15	18	18	18	18	18	13	13	13	13	13	13	13	13	13	13	13	13	13	13	13	13	13	13	18	18	18	18	18	15	15	15	15	15
15	15	15	15	2	2	2	2	2	12	12	12	2	13	13	13	13	16	16	16	18	18	18	15	15	15	15	18	18	18	12	12	12	12	12	12	12	12	13	13	13	13	12	13	13	13	13	13	13	13	13	18	18	18	18	15	15	15	15	15
16	16	16	16	2	2	2	2	2	12	12	12	2	13	13	13	13	16	16	18	18	18	18	18	15	15	15	18	18	12	12	12	12	12	12	12	12	12	13	13	13	13	12	12	13	13	13	13	13	13	13	13	18	18	18	15	15	15	15	15
16	16	16	16	16	16	2	2	2	12	12	12	13	13	13	13	13	16	16	18	18	18	18	18	18	15	15	18	12	12	12	12	12	12	12	12	12	13	13	13	13	13	12	12	12	13	13	13	13	13	13	13	13	18	18	15	15	15	15	15
16	16	16	16	16	16	16	2	2	12	12	12	13	13	13	13	13	16	18	18	18	18	18	18	18	18	15	15	18	18	18	18	18	18	18	18	16	13	13	13	13	13	12	12	12	9	13	13	13	13	13	13	13	13	18	15	15	15	15	15
13	13	13	13	13	13	13	13	2	12	12	12	13	13	13	13	13	18	18	18	18	18	18	18	18	18	18	15	15	18	18	18	18	18	18	16	16	13	13	13	13	13	12	12	12	9	9	16	16	16	16	16	16	16	16	15	15	15	15	15
18	13	13	13	13	13	13	13	13	12	12	12	13	13	13	13	12	12	12	12	12	12	12	12	12	18	18	15	15	15	18	18	18	18	18	16	16	13	13	13	13	13	12	12	12	9	9	9	16	16	16	16	16	16	16	16	15	15	15	15
18	18	13	13	13	13	13	13	13	13	12	12	13	13	13	12	12	12	12	12	12	12	12	12	18	18	18	15	15	15	15	18	18	18	16	16	16	13	13	13	13	9	12	12	12	9	9	9	9	9	16	16	16	16	16	16	16	15	15	15
18	18	18	13	13	13	13	13	13	13	12	12	13	13	13	12	12	12	12	12	12	12	12	18	18	18	18	15	15	15	15	15	15	18	16	16	16	13	13	13	9	9	12	12	12	9	9	9	9	9	15	15	15	15	15	15	15	15	15	15
18	18	18	18	13	13	13	13	13	13	13	13	13	13	13	13	13	13	13	13	13	13	18	18	18	18	18	15	15	15	15	15	15	15	16	16	16	13	13	9	9	9	9	12	12	9	9	9	9	15	15	15	15	15	15	15	15	15	15	15
18	18	12	12	12	12	12	12	12	12	13	13	13	13	12	13	13	13	13	13	13	13	13	13	18	18	18	18	15	15	15	15	15	15	16	16	16	13	9	9	9	9	9	9	12	9	9	9	15	15	15	15	15	15	15	15	15	15	15	15
18	12	12	12	12	12	12	12	12	12	13	13	13	13	12	12	13	13	13	13	13	13	13	13	18	18	18	15	15	15	15	15	15	15	16	16	16	9	9	9	9	9	9	9	9	9	15	15	15	15	15	15	15	15	15	15	15	15	15	15
12	12	12	12	12	12	12	12	12	13	13	13	13	13	12	12	12	13	13	13	13	13	13	13	13	18	18	15	15	15	15	15	15	15	16	16	15	15	15	15	15	15	15	15	15	15	15	15	15	15	15	15	15	15	15	15	15	16	15	15
18	18	18	18	18	18	18	18	16	13	13	13	13	13	12	12	12	9	13	13	13	13	13	13	13	13	18	15	15	15	15	15	15	15	16	15	15	15	15	15	15	15	15	15	15	15	15	15	15	15	15	15	15	15	15	15	16	16	15	15
2	18	18	18	18	18	18	16	16	13	13	13	13	13	12	12	12	9	9	16	16	16	16	16	16	16	16	15	15	15	15	15	15	15	15	15	15	15	15	15	15	15	15	15	15	15	9	9	9	9	9	9	9	9	9	16	16	16	15	15
2	15	18	18	18	18	18	16	16	13	13	13	13	13	12	12	12	9	9	9	16	16	16	16	16	16	16	16	15	15	15	15	15	15	15	15	15	15	15	15	15	15	15	15	9	9	9	12	9	9	9	9	9	9	13	16	16	16	15	15
2	15	15	18	18	18	16	16	16	13	13	13	13	9	12	12	12	9	9	9	9	9	16	16	16	16	16	16	16	15	15	15	15	15	15	15	15	15	15	15	15	15	15	9	9	9	9	12	12	9	9	9	9	13	13	16	16	16	15	15
2	15	15	15	15	18	16	16	16	13	13	13	9	9	12	12	12	9	9	9	9	9	15	15	15	15	15	15	15	15	15	15	15	15	15	15	15	15	15	15	15	15	9	9	9	9	9	12	12	12	9	9	13	13	13	16	16	16	2	15
2	15	15	15	15	15	16	16	16	13	13	9	9	9	9	12	12	9	9	9	9	15	15	15	15	15	15	15	15	15	15	15	15	15	15	16	16	16	16	16	16	16	9	9	9	9	9	12	12	12	9	13	13	13	13	16	16	16	2	2
2	15	15	15	15	15	16	16	16	13	9	9	9	9	9	9	12	9	9	9	15	15	15	15	15	15	15	15	15	16	15	15	15	15	15	15	15	16	16	16	16	16	16	16	9	9	9	12	12	12	13	13	13	13	13	16	16	2	2	2
2	15	15	15	15	15	16	16	16	9	9	9	9	9	9	9	9	9	15	15	15	15	15	15	15	15	15	15	15	16	16	15	15	15	15	15	15	15	16	16	16	16	16	16	16	9	9	12	12	12	13	13	13	13	13	16	16	2	2	2
2	15	15	15	15	15	16	16	15	15	15	15	15	15	15	15	15	15	15	2	2	2	2	2	2	2	2	2	16	16	16	15	15	15	15	15	15	2	13	13	13	13	13	13	13	13	9	12	12	12	13	13	13	13	13	16	2	2	2	2
16	15	15	15	15	15	16	15	15	15	15	15	15	15	15	15	15	2	2	2	2	2	2	2	2	2	13	16	16	16	15	15	15	15	15	15	2	2	13	13	13	13	13	13	13	13	12	12	12	13	13	13	13	13	12	12	12	12	12	12
16	16	15	15	15	15	15	15	15	15	15	15	15	15	15	15	2	2	2	2	12	2	2	2	2	13	13	16	16	16	15	15	15	15	15	15	2	2	2	13	13	13	13	13	13	13	13	12	12	13	13	13	13	13	12	12	12	12	12	12
16	16	16	15	15	15	15	15	15	15	15	15	15	15	15	2	2	2	2	2	12	12	2	2	2	13	13	13	16	16	16	18	15	15	15	15	15	2	2	2	2	13	13	13	13	13	13	13	13	12	13	13	13	13	12	12	12	12	12	12
15	15	15	15	15	15	15	15	15	15	15	15	15	15	15	2	2	2	2	2	12	12	12	2	13	13	13	13	16	16	16	18	18	18	15	15	15	2	2	2	2	2	13	13	13	13	13	13	13	13	13	13	13	13	13	13	13	13	13	13
15	15	15	16	15	16	16	16	16	16	16	16	16	16	16	2	2	2	2	2	12	12	12	2	13	13	13	13	16	16	18	18	18	18	18	15	15	2	2	2	12	12	12	12	12	12	12	12	12	13	13	13	12	12	13	13	13	13	13	13
15	15	16	16	15	15	15	15	15	16	16	16	16	16	16	16	16	2	2	2	12	12	12	13	13	13	13	13	16	16	18	18	18	18	18	18	15	2	2	2	12	12	12	12	12	12	12	12	12	13	13	13	12	12	13	13	13	13	13	13
9	16	16	16	15	15	15	15	15	15	16	16	16	16	16	16	16	16	2	2	12	12	12	13	13	13	13	13	16	18	18	18	18	18	18	18	18	2	2	12	12	12	12	12	12	12	12	12	13	13	13	13	12	12	12	13	13	13	13	13
13	16	16	16	15	15	15	15	15	15	18	13	13	13	13	13	13	13	13	2	12	12	12	13	13	13	13	13	18	18	18	18	18	18	18	18	18	2	2	2	2	2	2	2	2	2	13	13	13	13	13	12	12	12	18	13	13	13	13	13
13	16	16	16	15	15	15	15	15	15	18	18	13	13	13	13	13	13	13	13	12	12	12	13	13	13	13	12	12	12	12	12	12	12	12	18	18	2	2	2	2	2	2	2	2	2	16	13	13	13	13	13	12	12	12	18	18	16	16	16
13	16	16	16	18	15	15	15	15	15	18	18	18	13	13	13	13	13	13	13	13	12	12	13	13	13	12	12	12	12	12	12	12	12	12	18	18	18	15	2	2	2	2	2	2	16	16	13	13	13	13	13	12	12	12	18	18	18	16	16
13	16	16	16	18	18	18	15	15	15	18	18	18	18	13	13	13	13	13	13	13	12	12	13	13	13	12	12	12	12	12	12	12	12	18	18	18	18	15	15	2	2	2	2	2	16	16	13	13	13	13	18	12	12	12	18	18	18	18	18
13	16	16	18	18	18	18	18	15	15	18	18	18	18	18	13	13	13	13	13	13	13	13	13	13	13	13	13	13	13	13	13	13	18	18	18	18	18	15	15	15	2	2	2	16	16	16	13	13	13	13	18	12	12	12	18	18	18	18	18
13	16	16	18	18	18	18	18	18	15	18	18	18	12	12	12	12	12	12	12	12	13	13	13	13	12	13	13	13	13	13	13	13	13	18	18	18	18	15	15	15	15	15	2	16	16	16	13	13	13	18	18	18	12	12	18	18	18	18	18
13	16	18	18	18	18	18	18	18	18	18	18	12	12	12	12	12	12	12	12	12	13	13	13	13	12	12	13	13	13	13	13	13	13	18	18	18	15	15	15	15	15	15	16	16	16	13	13	18	18	18	18	18	12	18	18	18	18	18	15
13	12	12	12	12	12	12	12	12	12	18	12	12	12	12	12	12	12	12	12	13	13	13	13	13	12	12	12	13	13	13	13	13	13	13	13	18	18	15	15	15	15	15	15	16	16	16	13	18	18	18	18	18	18	18	18	18	18	15	15
12	12	12	12	12	12	12	12	12	18	18	18	18	18	18	18	18	18	18	16	13	13	13	13	13	12	12	12	9	13	13	13	13	13	13	13	13	18	15	15	15	15	15	15	16	16	16	18	18	18	18	18	18	18	18	18	15	15	15	15
12	12	12	12	12	12	12	12	18	18	18	15	18	18	18	18	18	18	16	16	13	13	13	13	13	12	12	12	9	9	16	16	16	16	16	16	16	16	15	15	15	15	15	15	16	16	15	15	15	15	15	15	15	15	15	15	18	18	18	18
13	13	13	13	13	13	18	18	18	18	18	15	15	18	18	18	18	18	16	16	13	13	13	13	13	12	12	12	9	9	9	16	16	16	16	16	16	16	16	15	15	15	15	15	16	15	15	15	15	15	15	15	15	15	18	18	18	18	18	18
13	13	13	13	13	13	13	18	18	18	18	15	15	15	18	18	18	16	16	16	13	13	13	13	9	12	12	12	9	9	9	9	9	16	16	16	16	16	16	16	15	15	15	15	15	15	15	15	15	15	15	15	15	18	18	18	18	12	18	18
13	13	13	13	13	13	13	13	18	18	18	15	15	15	15	15	18	16	16	16	13	13	13	9	9	12	12	12	9	9	9	9	9	15	15	15	15	15	15	15	15	15	15	15	15	15	15	15	15	15	15	15	18	18	18	18	18	12	12	18
12	13	13	13	13	13	13	13	13	18	18	15	15	15	15	15	15	16	16	16	13	13	9	9	9	9	12	12	9	9	9	9	15	15	15	15	15	15	15	15	15	15	15	15	15	15	15	15	15	15	15	15	18	18	18	18	18	12	12	12
12	2	13	13	13	13	13	13	13	13	18	15	15	15	15	15	15	16	16	16	13	9	9	9	9	9	9	12	9	9	9	15	15	15	15	15	15	15	15	15	15	15	15	15	15	16	16	16	16	16	16	16	18	18	18	18	18	12	12	12
12	2	2	16	16	16	16	16	16	16	16	15	15	15	15	15	15	16	16	16	9	9	9	9	9	9	9	9	9	15	15	15	15	15	15	15	15	15	15	15	15	15	15	15	15	15	15	16	16	16	16	16	16	16	18	18	18	12	12	12
12	2	2	2	16	16	16	16	16	16	16	16	15	15	15	15	15	15	16	16	15	15	15	15	15	15	15	15	15	15	15	15	15	15	15	15	15	15	15	15	16	15	15	15	15	15	15	16	16	16	16	16	16	16	16	18	18	12	12	12
12	2	2	2	2	2	16	16	16	16	16	16	16	15	15	15	15	16	15	15	15	15	15	15	15	15	15	15	15	15	15	15	15	15	15	15	15	15	15	16	16	15	15	15	15	15	15	2	13	13	13	13	13	13	13	13	18	12	12	12
12	2	2	2	2	2	15	15	15	15	15	15	15	15	15	15	15	15	15	15	15	15	15	15	15	15	15	15	15	9	9	9	9	9	9	9	9	9	16	16	16	15	15	15	15	15	15	2	2	13	13	13	13	13	13	13	13	12	12	12
12	2	2	2	2	2	15	15	15	15	15	15	15	15	15	15	15	15	15	15	15	15	15	15	15	15	15	9	9	9	12	9	9	9	9	9	9	13	16	16	16	15	15	15	15	15	15	2	2	2	13	13	13	13	13	13	13	13	12	12
12	2	2	2	2	15	15	15	15	15	15	15	15	15	15	15	15	15	15	15	15	15	15	15	15	9	9	9	9	12	12	9	9	9	9	13	13	16	16	16	15	15	15	15	15	15	2	2	2	2	13	13	13	13	13	13	13	13	12	12
2	2	2	2	15	15	15	15	15	15	15	15	15	15	15	15	15	15	15	15	15	15	15	15	15	9	9	9	9	9	12	12	12	9	9	13	13	13	16	16	16	18	15	15	15	15	15	2	2	2	2	2	13	13	13	13	13	13	13	13
2	2	15	15	15	15	15	15	15	15	15	15	15	15	15	15	15	15	16	16	16	16	16	16	16	9	9	9	9	9	12	12	12	9	13	13	13	13	16	16	16	18	18	18	15	15	15	2	2	2	12	12	12	12	12	12	12	12	13	13
15	15	15	15	15	15	15	15	15	15	15	15	15	15	16	15	15	15	15	16	16	16	16	16	16	16	16	9	9	9	12	12	12	13	13	13	13	13	16	16	18	18	18	18	18	15	15	2	2	12	12	12	12	12	12	12	12	12	13	13
15	15	15	15	15	15	15	15	15	15	15	15	15	16	16	15	15	15	15	15	16	16	16	16	16	16	16	16	9	9	12	12	12	13	13	13	13	13	16	16	18	18	18	18	18	18	15	2	12	12	12	12	12	12	12	12	12	13	13	13
15	15	15	2	2	2	2	2	2	2	2	2	16	16	16	15	15	15	15	15	18	13	13	13	13	13	13	13	13	9	12	12	12	13	13	13	13	16	18	18	18	18	18	18	18	18	15	2	2	2	2	2	2	2	2	2	16	13	13	13
15	2	2	2	2	2	2	2	2	2	2	13	16	16	16	15	15	15	15	15	18	18	13	13	13	13	13	13	13	13	12	12	12	13	13	13	13	13	12	12	12	12	12	12	12	12	12	18	15	2	2	2	2	2	2	16	16	13	13	13
2	2	2	2	12	2	2	2	2	2	13	13	16	16	16	15	15	15	15	15	18	18	18	13	13	13	13	13	13	13	13	12	12	13	13	13	13	12	12	12	12	12	12	12	12	12	18	18	15	15	2	2	2	2	2	16	16	13	13	13
2	2	2	2	12	12	2	2	2	13	13	13	16	16	16	18	15	15	15	15	18	18	18	18	13	13	13	13	13	13	13	13	12	13	13	13	13	12	12	12	12	12	12	12	12	18	18	18	15	15	15	2	2	2	16	16	16	13	13	13
2	2	2	2	12	12	12	2	13	13	13	13	16	16	16	18	18	18	15	15	18	18	18	18	18	13	13	13	13	13	13	13	13	13	13	13	13	13	13	13	13	13	13	18	18	18	18	18	15	15	15	15	15	2	16	16	16	13	13	13
2	2	2	2	12	12	12	2	13	13	13	13	16	16	18	18	18	18	18	15	18	18	18	18	12	12	12	12	12	12	12	12	13	13	13	12	12	13	13	13	13	13	13	13	18	18	18	18	15	15	15	15	15	15	16	16	16	13	13	9
16	2	2	2	12	12	12	13	13	13	13	13	16	16	18	18	18	18	18	18	18	18	18	12	12	12	12	12	12	12	12	12	13	13	13	12	12	13	13	13	13	13	13	13	13	18	18	18	15	15	15	15	15	15	16	16	16	13	9	9
16	16	2	2	12	12	12	13	13	13	13	13	16	18	18	18	18	18	18	18	18	18	12	12	12	12	12	12	12	12	12	13	13	13	13	12	12	12	13	13	13	13	13	13	13	13	18	18	15	15	15	15	15	15	16	16	16	9	9	9
13	13	13	2	12	12	12	13	13	13	13	13	18	18	18	18	18	18	18	18	18	18	18	18	18	18	18	18	18	18	13	13	13	13	13	12	12	12	2	13	13	13	13	13	13	13	13	18	15	15	15	15	15	15	16	16	15	15	15	15

22	22	22	22	22	22	17	17	12	12	12	12	12	12	12	12	22	22	16	16	16	16	16	16	16	16	16	16	16	16	16	16	5	5	5	5	5	5	5	5	22	22	12	12	12	12	12	12	12	12	12	17	17	17	22	22	22	22	22	22
22	22	22	22	22	17	12	12	12	12	12	12	12	12	22	22	16	16	16	16	16	16	16	16	16	16	16	16	16	16	16	16	16	16	16	5	5	5	5	5	5	5	22	22	12	12	12	12	12	12	12	12	12	12	17	17	22	22	22	22
22	22	22	22	17	12	12	12	12	12	12	12	12	22	16	16	16	16	16	16	16	16	22	22	22	22	22	22	22	22	22	22	22	22	22	22	5	5	5	5	5	5	5	5	22	22	12	12	12	12	12	12	12	12	12	12	17	22	22	22
22	22	17	17	12	12	12	12	12	12	12	22	22	16	16	16	16	16	16	16	22	22	17	17	17	17	17	17	17	17	17	17	17	17	17	17	22	22	5	5	5	5	5	5	5	5	22	22	12	12	12	12	12	12	12	12	12	17	22	22
22	22	17	12	12	12	12	12	12	12	22	16	16	16	16	16	16	16	22	22	17	17	17	17	17	17	17	17	17	17	17	17	17	17	17	17	17	17	22	22	5	5	5	5	5	5	5	5	22	22	12	12	12	12	12	12	12	17	22	22
22	17	12	12	12	12	12	12	22	22	16	16	16	16	16	22	22	22	17	17	17	17	2	2	2	2	2	2	2	2	2	2	2	2	2	2	17	17	17	17	22	22	5	5	5	5	5	5	5	5	22	12	12	12	12	12	12	12	17	17
17	12	12	12	12	12	12	22	16	16	16	16	16	16	22	17	17	17	17	17	2	2	2	2	2	2	2	2	2	2	2	2	2	2	2	2	2	2	17	17	17	17	22	22	5	5	5	5	5	5	5	22	12	12	12	12	12	12	12	17
17	12	12	12	12	12	22	16	16	16	16	16	16	22	17	17	17	17	2	2	2	2	2	2	2	2	2	2	2	2	2	2	2	2	2	2	2	2	2	2	17	17	17	17	22	22	5	5	5	5	5	5	22	12	12	12	12	12	12	12
12	12	12	12	12	22	16	16	16	16	16	16	22	17	17	2	2	2	2	2	2	2	2	2	2	2	2	2	2	2	2	2	2	2	2	2	2	2	2	2	2	2	17	17	17	17	22	5	5	5	5	5	5	22	12	12	12	12	12	12
12	12	12	12	22	16	16	16	16	16	16	22	17	17	2	2	2	2	2	2	22	22	22	22	22	22	22	22	22	22	22	22	22	22	22	22	2	2	2	2	2	2	2	2	17	17	17	22	5	5	5	5	5	5	22	12	12	12	12	12
12	12	12	22	16	16	16	16	16	16	22	17	17	2	2	2	2	2	22	22	11	11	11	11	11	11	11	11	11	11	11	11	11	11	11	11	22	22	2	2	2	2	2	2	2	2	17	17	22	5	5	5	5	5	5	22	12	12	12	12
12	12	22	16	16	16	16	16	16	22	17	17	2	2	2	2	22	22	11	11	11	11	11	11	11	11	11	11	11	11	11	11	11	11	11	11	11	11	22	22	2	2	2	2	2	2	2	17	17	22	5	5	5	5	5	5	22	12	12	12
12	22	16	16	16	16	16	16	22	17	17	2	2	2	2	22	11	11	11	11	11	11	11	11	11	11	11	11	11	11	11	11	11	11	11	11	11	11	11	11	22	22	22	2	2	2	2	2	17	17	22	5	5	5	5	5	5	22	12	12
22	16	16	16	16	16	16	22	17	17	2	2	2	2	22	11	11	11	11	11	11	11	11	11	11	11	11	11	11	11	11	11	11	11	11	11	11	11	11	11	11	11	11	22	2	2	2	2	2	2	17	22	5	5	5	5	5	5	22	12
22	16	16	16	16	16	22	17	17	2	2	2	2	22	11	11	11	11	11	11	11	11	11	11	11	11	11	11	11	11	11	11	11	11	11	11	11	11	11	11	11	11	11	11	22	2	2	2	2	2	17	17	22	5	5	5	5	5	5	22
16	16	16	16	16	22	17	17	2	2	2	2	22	11	11	11	11	11	11	11	11	11	11	22	22	22	22	22	22	22	22	22	22	22	22	22	22	22	11	11	11	11	11	11	11	22	2	2	2	2	2	2	17	22	5	5	5	5	5	5
16	16	16	16	16	22	17	17	2	2	2	22	11	11	11	11	11	11	11	11	11	22	22	15	15	15	15	15	15	15	15	15	15	15	15	15	15	15	22	22	22	22	11	11	11	11	22	2	2	2	2	2	17	17	22	5	5	5	5	5
16	16	16	16	22	17	17	2	2	2	22	11	11	11	11	11	11	11	11	11	22	15	15	15	15	15	15	15	15	15	15	15	15	15	15	15	12	12	12	12	12	12	22	11	11	11	11	22	2	2	2	2	2	17	22	5	5	5	5	5
16	16	16	16	22	17	17	2	2	22	11	11	11	11	11	11	11	11	11	22	15	15	15	15	15	15	15	15	15	15	15	15	12	12	12	12	12	12	12	12	12	12	12	22	11	11	11	11	22	2	2	2	2	17	17	22	5	5	5	5
16	16	16	22	17	17	2	2	22	11	11	11	11	11	11	11	11	11	22	15	15	15	15	15	15	15	22	22	22	22	22	22	22	22	22	22	12	12	12	12	12	12	12	12	22	11	11	11	11	22	2	2	2	2	17	22	5	5	5	5
16	16	16	22	17	17	2	22	11	11	11	11	11	11	11	11	11	22	15	15	15	15	15	15	22	22	17	17	17	17	17	17	17	17	17	17	22	22	22	12	12	12	12	12	12	22	11	11	11	11	22	2	2	2	2	17	22	5	5	5
16	16	22	17	17	17	2	22	11	11	11	11	11	11	11	11	22	15	15	15	15	15	22	22	17	17	17	17	17	17	17	17	17	17	17	17	17	17	17	22	22	12	12	12	12	12	22	11	11	11	11	22	2	2	2	17	22	5	5	5
16	16	22	17	17	17	22	11	11	11	11	11	11	11	11	22	15	15	15	15	22	22	17	17	17	17	10	10	10	10	10	10	10	10	10	10	17	17	17	17	17	22	22	12	12	12	12	22	11	11	11	11	22	2	2	2	17	22	5	5
16	22	17	17	17	17	22	11	11	11	11	11	11	11	22	15	15	15	15	22	17	17	17	10	10	10	10	10	10	10	10	10	10	10	10	10	10	10	17	17	17	17	17	22	12	12	12	12	22	11	11	11	11	22	2	2	17	22	5	5
16	22	17	17	17	22	11	11	11	11	11	11	11	22	15	15	15	15	22	17	17	17	10	10	10	10	10	10	10	10	10	10	10	10	10	10	10	10	10	22	17	17	17	17	22	12	12	12	12	22	11	11	11	11	22	2	2	17	22	5
22	17	17	17	17	22	11	11	11	11	11	11	22	15	15	15	15	22	17	17	10	10	10	10	22	22	22	22	22	22	22	22	22	22	22	10	10	10	10	10	22	22	17	17	17	22	12	12	12	12	22	11	11	11	11	2	2	17	22	5
22	17	17	17	22	11	11	11	11	11	11	22	15	15	15	15	22	17	17	10	10	10	10	22	14	14	14	14	14	14	14	14	14	14	14	22	10	10	10	10	10	10	22	17	17	17	22	12	12	12	12	22	11	11	11	11	2	2	17	22
17	17	17	17	22	11	11	11	11	11	22	15	15	15	15	22	17	17	10	10	10	10	22	14	14	14	14	14	14	14	14	14	14	14	14	14	22	10	10	10	10	10	10	22	17	17	17	22	12	12	12	12	22	11	11	11	11	10	17	22
17	17	17	22	11	11	11	11	11	11	22	15	15	15	15	22	17	17	10	10	10	22	14	14	14	14	14	14	14	14	14	14	14	14	14	14	14	22	10	10	10	10	10	10	22	17	17	17	22	12	12	12	12	22	11	11	11	10	10	17
17	17	17	22	11	11	11	11	11	22	15	15	15	15	22	17	17	17	10	10	22	14	14	14	14	14	14	14	14	14	14	14	14	14	14	14	14	14	22	10	10	10	10	10	10	22	17	17	17	22	12	12	12	22	11	11	11	10	10	17
17	17	22	11	11	11	11	11	11	22	15	15	15	15	22	17	17	10	10	22	14	14	14	14	14	14	14	14	14	14	14	14	14	14	14	14	14	14	14	22	10	10	10	10	10	22	17	17	17	22	12	12	12	12	22	11	11	11	10	10
17	17	22	11	11	11	11	11	22	15	15	15	15	22	17	17	17	10	22	14	14	14	14	22	22	22	22	22	22	22	22	22	22	14	14	14	14	14	14	14	22	10	10	10	10	10	22	17	17	17	22	12	12	12	22	11	11	11	10	10
17	17	11	11	11	11	11	11	22	15	15	15	15	22	17	17	17	22	14	14	14	14	22	2	2	2	2	2	2	2	2	2	2	22	22	14	14	14	14	14	14	22	10	10	10	10	22	17	17	17	22	12	12	12	12	22	11	11	10	10
17	17	11	11	11	11	11	11	22	15	15	15	15	22	17	17	14	14	14	14	14	22	2	2	2	2	2	2	2	2	2	2	2	2	2	22	14	14	14	14	14	14	22	10	10	10	10	22	17	17	22	12	12	12	12	22	11	11	10	10
17	17	11	11	11	11	11	22	15	15	15	15	15	22	17	17	14	14	14	14	22	2	2	2	2	2	2	2	2	2	2	2	2	2	2	2	22	14	14	14	14	14	22	10	10	10	10	22	17	17	17	22	12	12	12	22	11	11	10	10
17	17	11	11	11	11	11	22	15	15	15	15	22	17	17	14	14	14	14	22	2	2	2	2	22	10	10	22	5	5	5	5	5	5	2	2	2	22	14	14	14	14	14	22	10	10	10	10	22	17	17	22	12	12	12	12	22	11	10	10
17	17	11	11	11	11	11	22	15	15	15	15	22	17	17	14	14	14	22	2	2	2	22	22	10	10	22	5	5	5	22	22	22	5	2	2	2	2	22	14	14	14	14	22	10	10	10	10	22	17	17	17	22	12	12	12	22	11	10	10
17	17	11	11	11	11	11	22	15	15	15	15	22	17	17	14	14	22	2	2	2	22	10	10	10	22	5	5	5	22	17	17	17	17	17	2	2	2	2	22	14	14	14	22	10	10	10	10	22	17	17	17	22	12	12	12	12	22	10	10
17	17	11	11	11	11	11	22	15	15	15	15	22	17	17	14	14	22	2	2	22	10	10	10	22	5	5	5	22	17	22	22	22	17	17	17	2	2	2	22	14	14	14	22	10	10	10	10	22	17	17	17	22	12	12	12	12	22	10	10
17	17	11	11	11	11	11	22	15	15	15	15	22	17	17	14	14	22	2	2	22	10	10	22	5	5	5	22	17	17	22	22	22	17	17	17	2	2	2	22	14	14	14	22	10	10	10	10	22	17	17	17	22	12	12	12	12	22	10	10
17	17	11	11	11	11	11	22	15	15	15	15	22	17	17	14	14	22	2	2	22	10	10	22	5	5	5	22	17	17	22	22	22	17	17	17	17	2	2	22	14	14	14	22	10	10	10	10	22	17	17	17	22	12	12	12	12	22	10	10
17	17	11	11	11	11	11	22	15	15	15	15	22	17	17	14	14	22	2	2	22	10	10	22	5	5	5	22	17	17	17	17	17	22	17	17	17	2	2	22	14	14	14	22	10	10	10	10	22	17	17	17	22	12	12	12	12	22	10	10
17	17	11	11	11	11	11	22	15	15	15	15	22	17	17	17	14	22	2	2	22	10	10	22	5	5	5	5	22	17	17	17	17	22	22	17	17	17	2	22	14	14	14	22	10	10	10	10	22	17	17	17	22	12	12	12	12	22	10	10
17	17	11	11	11	11	11	22	15	15	15	15	22	2	17	17	17	22	2	2	22	10	10	10	22	5	5	5	5	22	22	22	22	5	5	22	17	17	17	22	14	14	14	22	10	10	10	10	22	2	17	17	22	12	12	12	12	22	10	10
17	17	11	11	11	11	11	22	15	15	15	15	22	2	2	17	17	22	2	2	22	10	10	10	10	22	5	5	5	5	5	5	5	5	5	22	17	17	17	22	14	14	14	22	10	10	10	10	22	2	17	17	22	12	12	12	12	22	10	10
17	17	11	11	11	11	11	22	15	15	15	15	22	2	2	17	17	22	2	2	22	10	10	10	10	10	22	5	5	5	5	5	5	5	22	10	2	17	17	22	14	14	14	22	10	10	10	10	22	2	17	17	22	12	12	12	12	22	10	10
17	17	11	11	11	11	11	22	15	15	15	15	22	2	2	17	17	22	2	2	2	22	10	10	10	10	10	22	5	5	5	5	5	22	10	22	2	17	17	22	14	14	14	22	10	10	10	10	22	2	17	17	22	12	12	12	12	22	10	10
17	17	11	11	11	11	11	22	15	15	15	15	22	2	2	17	17	22	2	2	2	2	22	10	10	10	10	10	22	22	22	22	22	10	10	22	2	17	17	22	14	14	14	22	10	10	10	10	22	2	17	17	22	12	12	12	12	22	10	10
17	17	11	11	11	11	11	22	15	15	15	15	15	22	2	2	2	17	22	2	2	2	2	22	10	10	10	10	10	10	10	10	10	10	22	2	17	17	17	22	14	14	14	22	10	10	10	10	22	2	17	17	22	12	12	12	12	22	10	10
22	17	17	11	11	11	11	22	15	15	15	15	15	22	2	2	2	17	17	22	2	2	2	2	22	10	10	10	10	10	10	10	10	22	2	17	17	17	22	14	14	14	22	10	10	10	10	22	2	2	17	17	22	12	12	12	12	22	10	10
22	17	17	11	11	11	11	22	15	15	15	15	15	22	2	2	2	2	17	17	22	2	2	2	2	22	22	22	22	22	22	22	22	2	17	17	17	22	14	14	14	22	10	10	10	10	22	2	2	2	17	17	22	12	12	12	12	22	10	10
12	22	17	11	11	11	11	11	22	15	15	15	15	15	22	2	2	2	17	17	17	22	2	2	2	2	2	2	2	2	2	2	2	17	17	17	22	14	14	14	22	10	10	10	10	22	2	2	2	22	17	17	22	12	12	12	12	22	10	10
12	22	17	17	11	11	11	11	22	15	15	15	15	15	15	22	2	2	2	2	17	17	17	2	2	2	2	2	2	2	2	2	17	17	17	22	14	14	14	22	10	10	10	10	22	2	2	2	2	22	17	17	22	12	12	12	12	22	10	10
12	12	22	17	11	11	11	11	11	22	15	15	15	15	15	22	2	2	2	2	2	17	22	17	17	17	17	17	17	17	17	17	17	17	22	14	14	14	22	10	10	10	10	22	2	2	2	2	22	15	17	17	22	12	12	12	12	22	10	10
12	12	22	17	17	11	11	11	11	22	15	15	15	15	15	22	2	2	2	2	2	2	22	17	17	17	17	17	17	17	17	17	22	22	14	14	14	22	10	10	10	10	22	2	2	2	2	22	15	15	17	17	22	12	12	12	12	22	10	10
12	12	12	22	17	11	11	11	11	11	22	15	15	15	15	15	22	2	2	2	2	2	2	22	10	10	10	10	10	10	10	14	14	14	14	14	22	10	10	10	10	22	2	2	2	2	22	15	15	17	17	22	12	12	12	12	12	22	10	10
12	12	12	22	17	17	11	11	11	11	22	15	15	15	15	15	15	22	2	2	2	2	2	2	22	10	10	10	10	10	10	10	10	10	22	22	10	10	10	10	22	2	2	2	2	22	15	15	15	17	22	12	12	12	12	12	12	22	10	10
12	12	12	12	22	17	17	11	11	11	11	22	15	15	15	15	15	15	22	2	2	2	2	2	2	22	22	22	10	10	10	10	10	10	10	10	10	10	22	22	2	2	2	2	22	15	15	15	17	17	22	12	12	12	12	12	22	10	10	10
22	12	12	12	12	22	17	17	11	11	11	11	22	15	15	15	15	15	15	22	2	2	2	2	2	2	2	2	22	22	22	22	22	22	22	22	22	22	2	2	2	2	2	22	15	15	15	17	17	22	12	12	12	12	12	12	22	10	10	22
22	12	12	12	12	12	22	17	17	11	11	11	11	22	15	15	15	15	15	15	22	2	2	2	2	2	2	2	2	2	2	2	2	2	2	2	2	2	2	2	2	2	22	15	15	15	17	17	22	12	12	12	12	12	12	22	10	10	10	22
10	22	12	12	12	12	12	22	17	17	11	11	11	11	22	15	15	15	15	15	15	22	2	2	2	2	2	2	2	2	2	2	2	2	2	2	2	2	2	2	22	22	15	15	15	17	17	22	12	12	12	12	12	12	22	10	10	10	22	16
10	10	22	12	12	12	12	12	22	17	17	11	11	11	11	22	15	15	15	15	15	15	22	22	2	2	2	2	2	2	2	2	2	2	2	2	2	2	2	22	15	15	15	15	17	17	22	12	12	12	12	12	12	22	10	10	10	10	22	16
10	10	10	22	12	12	12	12	12	22	17	17	11	11	11	11	22	15	15	15	15	15	15	15	22	22	22	22	22	22	22	22	22	22	22	22	22	22	22	15	15	15	15	17	17	22	12	12	12	12	12	12	22	10	10	10	10	10	22	16
22	10	10	10	22	12	12	12	12	12	22	17	17	11	11	11	11	22	15	15	15	15	15	15	15	15	15	15	15	15	15	15	15	15	15	15	15	15	15	15	15	15	17	17	22	12	12	12	12	12	12	22	10	10	10	10	10	22	16	16
22	10	10	10	10	22	12	12	12	12	12	22	17	17	11	11	11	11	22	15	15	15	15	15	15	15	15	15	15	15	15	15	15	15	15	15	15	15	15	15	15	17	17	22	12	12	12	12	12	12	22	10	10	10	10	10	10	22	16	16
16	22	10	10	10	10	22	12	12	12	12	12	22	17	17	11	11	11	11	22	22	22	22	15	15	15	15	15	15	15	15	15	15	15	15	15	15	15	15	15	17	17	22	12	12	12	12	12	12	22	10	10	10	10	10	10	22	16	16	16
16	16	22	10	10	10	10	22	12	12	12	12	12	22	17	17	17	11	11	11	11	11	11	11	11	11	11	11	11	11	11	11	11	11	11	11	11	11	11	17	17	22	12	12	12	12	12	12	22	10	10	10	10	10	10	22	16	16	16	16
16	16	22	10	10	10	10	10	22	12	12	12	12	12	22	17	17	17	11	11	11	11	11	11	11	11	11	11	11	11	11	11	11	11	11	11	11	11	17	17	22	12	12	12	12	12	12	22	10	10	10	10	10	10	22	16	16	16	16	17
16	16	16	22	10	10	10	10	10	22	12	12	12	12	12	22	17	17	17	17	17	17	17	17	17	17	17	17	17	17	17	17	17	17	17	17	17	17	17	22	12	12	12	12	12	12	22	10	10	10	10	10	10	22	16	16	16	16	17	22
16	16	16	16	22	10	10	10	10	10	22	12	12	12	12	12	22	22	22	17	17	17	17	17	17	17	17	17	17	17	17	17	17	17	17	17	17	17	22	12	12	12	12	12	12	22	10	10	10	10	10	10	22	16	16	16	16	16	17	22
17	16	16	16	16	22	10	10	10	10	10	22	12	12	12	12	12	12	12	22	22	22	22	22	22	22	22	22	22	22	22	22	22	22	22	22	22	22	12	12	12	12	12	12	22	10	10	10	10	10	10	22	16	16	16	16	16	17	22	22
17	16	16	16	16	16	22	10	10	10	10	10	22	12	12	12	12	12	12	12	12	12	12	12	12	12	12	12	12	12	12	12	12	12	12	12	12	12	12	12	12	12	12	22	10	10	10	10	10	10	22	16	16	16	16	16	16	17	22	22
22	17	16	16	16	16	16	22	10	10	10	10	10	22	12	12	12	12	12	12	12	12	12	12	12	12	12	12	12	12	12	12	12	12	12	12	12	12	12	12	12	12	22	10	10	10	10	10	10	22	16	16	16	16	16	16	16	17	22	22
22	22	17	16	16	16	16	16	22	10	10	10	10	10	22	12	12	12	12	12	12	12	12	12	12	12	12	12	12	12	12	12	12	12	12	12	12	12	12	12	12	22	10	10	10	10	10	10	22	16	16	16	16	16	16	16	17	22	22	22
22	22	17	16	16	16	16	16	16	22	10	10	10	10	10	22	22	22	12	12	12	12	12	12	12	12	12	12	12	12	12	12	12	12	12	12	12	12	22	22	22	10	10	10	10	10	10	22	16	16	16	16	16	16	16	17	22	22	22	22
22	22	22	17	17	16	16	16	16	16	22	10	10	10	10	10	10	10	22	22	22	22	22	22	22	22	22	22	22	22	22	22	22	22	22	22	22	22	10	10	10	10	10	10	10	10	22	16	16	16	16	16	16	16	17	22	22	22	22	22
22	22	22	22	22	17	16	16	16	16	16	22	10	10	10	10	10	10	10	10	10	10	10	10	10	10	10	10	10	10	10	10	10	10	10	10	10	10	10	10	10	10	10	10	10	22	16	16	16	16	16	16	17	17	17	22	22	22	22	22
22	22	22	22	22	22	17	17	16	16	16	16	22	22	10	10	10	10	10	10	10	10	10	10	10	10	10	10	10	10	10	10	10	10	10	10	10	10	10	10	10	10	10	22	22	16	16	16	16	16	17	17	17	22	22	22	22	22	22	22
22	22	22	22	22	22	22	22	17	16	16	16	16	16	22	10	10	10	10	10	10	10	10	10	10	10	10	10	10	10	10	10	10	10	10	10	10	10	10	10	10	22	22	16	16	16	16	16	16	17	22	22	22	22	22	22	22	22	22	22
22	22	22	22	22	22	22	22	22	17	16	16	16	16	16	22	22	10	10	10	10	10	10	10	10	10	10	10	10	10	10	10	10	10	10	10	10	10	10	10	22	16	16	16	16	16	16	17	17	17	22	22	22	22	22	22	22	22	22	22

WE ARE THE BELBA FAMILY.

Thank you for your choice.

All books are made with love for People and Nature.

We appreciate your feedback with a small review of the book on Amazon, Facebook, or Instagram.

If you tag your colored pages as #belbafamily, we share your work on our social media pages.

You help us to make our books better.

Stay safe and happy coloring!

Follow us:

f https://www.facebook.com/belbafamily/

O Belba Family

You and your artworks inspired us to open the Belba Family Shop, where you can find different merch with best designs from our books!

O Belba Family Shop

🛒 BELBA.redbubble.com

TRY THE OTHER BOOK SERIES BY THE BELBA FAMILY:

The MOSAIC color by number ART activity book series includes:

- TRAVEL MOSAIC. Color by Number ART activity book.
- ANIMAL MOSAIC. Color by number ART activity book.

Color by number & coloring version books:

- CHRISTMAS & TRAVEL MOSAICS. An adult book with relaxing pages of Christmas scenes around the world.
- THE MONEY BOOK. An adult magic book with Money & Richness symbols to color.
- FAIRIES AROUND US. Stained Glass & Magic Mosaics. An adult Book for relaxation and stress relief.

PUZZLE COLOR BY NUMBER CLEVER BOOK SERIES:

BEGINNER level
(no background):

- SIMPLE BEAUTY
- HUMAN FACES

ADVANCED level
(with background):

- EXOTIC LIFE
- SECRET PATTERNS

STONE MOSAIC SERIES:

- BOOK 1
- BOOK 2

3 COLORS SERIES:

- CELEBRITIES
- ANIMALS & BIRDS

MYSTERY MOSAICS books series with 3*3 mm. sections:

- MYSTERY MOSAIC. PASSION
- MYSTERY MOSAICS. DOGS
- MYSTERY MOSAICS. WOMAN
- SQUARE MANDALAS (Book 1)
- MYSTERY MOSAICS. GALLERY
- MYSTERY MOSAICS. WOW, CATS!
- SQUARE MANDALAS. ANIMALS IN PATTERNS (Book 2)
- MYSTERY MOSAICS. CINEMA
- LISA'S GARDEN. SQUARE MANDALAS, PATTERNS, AND MORE
- MYSTERY MOSAICS. WOW, ANIMALS!
- MYSTERY MOSAIC. FLOWERS
- MYSTERY MOSAIC. ARIANE'S VINTAGE COLLECTION
- PARTY PATTERNS
- ALL ABOUT CHRISTMAS
- SQUARE MANDALAS (Book 3)
- MYSTERY MOSAICS. SECRET PATTERNS

And more...

HAPPY COLORING!

Made in the USA
Las Vegas, NV
01 July 2021